MARCO POLO

TÜRKISCHE SÜDKÜSTE

MARCO POLO AUTOREN

Dilek Zaptçioğlu und Jürgen Gottschlich

Unsere Autoren pendeln zwischen ihren Wohnorten Berlin und İstanbul. Beide arbeiten als Schriftsteller und Journalisten, die auch Zeitungen und Radiosender in Deutschland mit Nachrichten aus der Türkei versorgen. Sie bereisen regelmäßig das ganze Land – ihr Hauptaugenmerk gilt dabei allerdings der herrlichen Mittelmeerküste und ihrem Hinterland.

REIN INS ERLEBEN

Mit dem digitalen Service von MARCO POLO sind Sie noch unbeschwerter unterwegs: Auf den Erlebnistouren zielsicher von A nach B navigieren oder aktuelle Infos abrufen – das und mehr ist nur noch einen Fingertipp entfernt.

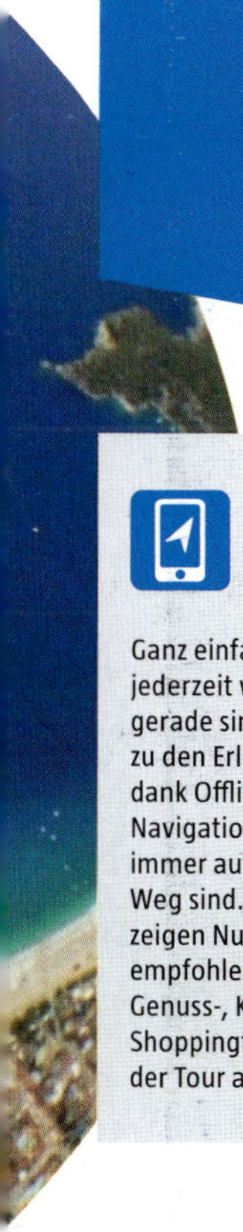

Hier geht's lang zu den digitalen Extras:

http://go.marcopolo.de/turs

Touren-App

Ganz einfach orientieren und jederzeit wissen, wo genau Sie gerade sind: Die praktische App zu den Erlebnistouren sorgt dank Offline-Karte und Navigation dafür, dass Sie immer auf dem richtigen Weg sind. Außerdem zeigen Nummern alle empfohlenen Aktivitäten, Genuss-, Kultur- und Shoppingtipps entlang der Tour an.

HTTP://GO.MARCOPOLO.DE/TURS

Update-Service

Immer auf dem neuesten Stand in Ihrer Destination sein: Der Online-Update-Service bietet Ihnen nicht nur aktuelle Tipps und Termine, sondern auch Änderungen von Öffnungszeiten, Preisen oder anderen Angaben zu den Reiseführerinhalten. Einfach als PDF ausdrucken oder für Smartphone, Tablet oder E-Reader herunterladen.

SYMBOLE

- INSIDER TIPP – Insider-Tipp
- ★ – Highlight
- ●●●● – Best of ...
- Schöne Aussicht
- Grün & fair: für ökologische oder faire Aspekte
- (*) kostenpflichtige Telefonnummer

PREISKATEGORIEN HOTELS

€€€	über 100 Euro
€€	50–100 Euro
€	bis 50 Euro

Die Preise gelten für zwei Personen im Doppelzimmer mit Frühstück pro Nacht

PREISKATEGORIEN RESTAURANTS

€€€	über 30 Euro
€€	15–30 Euro
€	bis 15 Euro

Die Preise gelten für ein Essen mit Vor-, Haupt- und Nachspeise und einem Getränk

 Titelthemen: Mit dem Gleitschirm vom Babadağ S. 41 | Römisches Theater Aspendos S. 78

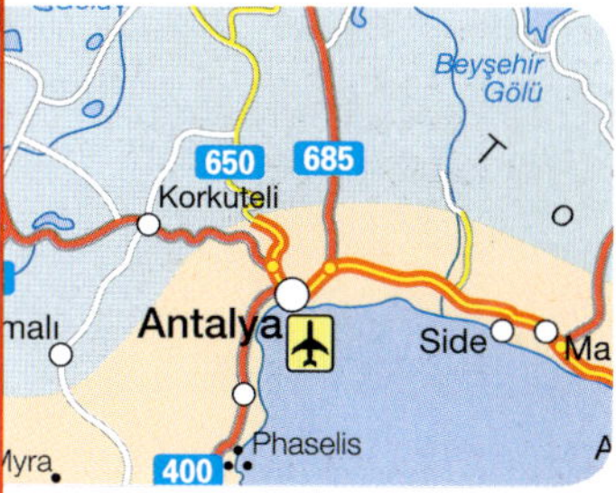

GUT ZU WISSEN
Geschichtstabelle → S. 14
Spezialitäten → S. 28
Die Patin der Schildkröten → S. 37
Wart ihr auch brav? → S. 67
Bücher & Filme → S. 85
Feiertage → S. 117
Was kostet wie viel? → S. 121
Währungsrechner → S. 122
Wetter → S. 124

KARTEN IM BAND
(132 A1) Seitenzahlen und Koordinaten verweisen auf den Reiseatlas
(0) Ort/Adresse liegt außerhalb des Kartenausschnitts
Es sind auch die Objekte mit Koordinaten versehen, die nicht im Reiseatlas stehen

(🗺 A–B 2–3) verweist auf die herausnehmbare Faltkarte

UMSCHLAG VORN:
Die wichtigsten Highlights

UMSCHLAG HINTEN:
Karten von Alanya, Antalya Fethiye, Marmaris und Side

Die besten MARCO POLO Insider-Tipps

Von allen Insider-Tipps finden Sie hier die 15 besten

INSIDER TIPP Romantischer geht's nicht

In Dalyan steigen Sie ins Boot. Es ist Nacht, und die Wellen schimmern silbrig im Mondschein. Der Ausflug geht zum *İztuzu-Strand*, wo Sie im matten Licht der Sterne schwimmen können oder einfach im Sand liegen und den Himmel beobachten → S. 36

INSIDER TIPP Fahr zur Hölle!

„Paradies und Hölle" *(Cennet ve Cehennem)* heißen die beiden Höhlen bei Silifke, von denen allerdings nur das „Paradies" betreten werden darf → S. 91

INSIDER TIPP Wo die wilden Kerle wohnen

Rafting gibt es mittlerweile an vielen Plätzen der Südtürkei; der Fluss *Dalaman* eignet sich aber besonders gut dafür. Anleitungen gibt es vom Lehrer, und man kann zwischen unterschiedlichen Schwierigkeitsgraden wählen – die Schwimmweste muss immer angelegt sein! → S. 42

INSIDER TIPP Der Traum vom Fliegen

Vom *Babadağ* in Fethiye geht es mit dem Gleitschirm ab in die Luft – unten leuchtet das blaue Mittelmeer. Alljährlich kommen Tausende hierher, um sich von dem 2000 m hohen Berg hinabgleiten zu lassen (Foto o.) → S. 41

INSIDER TIPP Ganz schön heiß

Das kann es einem schon werden, wenn man in den *Sultaniye Kaplıcaları*, den schwefelhaltigen, heißen Quellen am Ufer des Köyceğiz-Sees, badet → S. 38

INSIDER TIPP Über Stock und Stein

Mit dem Mountainbike sportlich durch die Berge: Training und geführte Touren bieten die Betreiber der *Arykandos Mountain Lodge* bei Kaş → S. 64

INSIDER TIPP Speisen mit Überblick

Im gepflegten Restaurant *7 Mehmet* in Antalya kann man gut essen und hat dazu einen tollen Blick aufs Meer → S. 54

INSIDER TIPP Nur für Schwindelfreie

Oberhalb einer alten Karawanserei an der Seidentraße bei Alanya klebt die *Alara-Festung* wie ein Schwalbennest am Fels. Der Ausblick ist ebenso atemberaubend wie der Aufstieg dorthin → S. 76

INSIDER TIPP Mit dem Boot in die Idylle

Die *Kale Pension* in Kekova ist nur mit dem Boot zu erreichen – ein Stück Paradies an der lykischen Küste → S. 65

INSIDER TIPP Sommer und Winter

Die Taurus-Alm *Saklıkent* soll der äquatornaheste Punkt der Erde sein, auf dem man Ski fahren kann. Unten am Mittelmeer, in Antalya, wird gebadet, und am nächsten Tag kann man seine Sonnenbräune im Schnee auffrischen → S. 111

INSIDER TIPP Die Heimat des Kebap

In Adana isst man scharf gewürztes *Adana-Kebap* auf Fladenbrot, gegrillt auf Holzkohle – unbedingt probieren! (Foto u.) → S. 83

INSIDER TIPP Mit den Hufen im Sand

Für Hobbyreiter ein Paradies: In Patara bietet die *Sultan-Han-Farm* unvergessliche Ausritte am Strand → S. 110

INSIDER TIPP Ein Stück herrliche Natur

Das *Tal der Schmetterlinge* bei Fethiye ist schwer zugänglich, weshalb es sich als Lebensraum für seltene Schmetterlingsarten erhalten hat. Bis zu 300 m hohe Seitenwände schützen den Cañon, der im Sandstrand mündet → S. 45

INSIDER TIPP Klein, aber fein

Wer den Trubel großer Hotelkästen nicht mag und es gern kleiner und individueller hat, ist im schönen *Beach House Hotel* von Ali und Penny am Ortsrand von Side genau richtig → S. 78

INSIDER TIPP Rund um den See

Abwechslung vom Strandleben: eine Wanderung um den schönen *Kovada-See* in den Bergen nördlich von Antalya → S. 103

BEST OF ...

TOLLE ORTE ZUM NULLTARIF

Neues entdecken und den Geldbeutel schonen

SPAREN

● *Freibad- und Zoobesuch in einem*

Wo das Schilfdelta von Dalyan mündet, liegt der *İztuzu-Strand*, an dem Meeresschildkröten ihre Eier ablegen. Im Kanal wimmelt es von kleinen Schildkröten, Fröschen, Fischen und Krebsen, in deren Gesellschaft Sie nach Herzenslust schwimmen und schnorcheln können → S. 35

● *Zeugnis vergangenen Lebens*

Die Kleinstadt *Kayaköy* im Hinterland von Fethiye war einst von Griechen bewohnt. Die Bewohner gingen im Zuge des Bevölkerungsaustauschs nach dem Ersten Weltkrieg fort. Das kostenlose Freilichtmuseum beherbergt schöne Stücke griechischer Architektur → S. 44

● *Meer, so weit das Auge reicht*

Der Burgberg *Alanya Kalesi* ist ein idealer Ort, um einen Überblick über Land und Meer zu bekommen. 300 m über dem Meer muss man nicht den Eintritt für die Burg bezahlen, um die Aussicht zu genießen. Mit einem Buch und einer Kamera wird es hier nicht langweilig → S. 72

● *Versunkene Paläste*

Eintritt frei im Unterwassermuseum: In *Kekova* bei Kaş liegen lykische Gräber und Stadtreste in und unter dem Wasser. Nach einer Bootsfahrt können Sie die Ruinen schwimmend und tauchend erkunden → S. 65

● *Am Wasserfall*

Überall, wo es einen lauschigen Fluss mit oder ohne Wasserfall gibt, kann man wunderschön spazierengehen, picknicken und, mit etwas Mut, ins eiskalte Quellwasser eintauchen – so auch am *Düden Şelalesi*. So verbringt man einen wunderbaren Tag, ohne Geld auszugeben (Foto) → S. 56

● *Sonnengruß am Tempel*

In Side liegen, erhaben über dem Meer und völlig frei zugänglich, die restaurierten Überreste des *Apollo-Tempels*. Ob Sie früh morgens den Sonnenaufgang genießen oder am Abend dem Sonnenuntergang zuschauen – unvergesslich ist es allemal → S. 77

TYPISCH TÜRKISCHE SÜDKÜSTE

Das erleben Sie nur hier

Wandern auf den Spuren der antiken Völker

Die Gebirgskette verläuft an der türkischen Riviera parallel zur Küste und bietet viele kleine und große Wanderstrecken. Der *Lykische Wanderweg* ist 509 km lang. Man kann ihn teilweise oder ganz laufen → S. 111

Blaue Reise

In Fethiye geht es auf einem der „gulet" genannten Holzsegler los. Die Route führt entlang der Küste und/oder zu griechischen Inseln wie Kos oder Rhodos. Jeden Tag können Sie schwimmen und auf Wunsch das Land besichtigen. Die Köche sind berühmt für ihr hervorragendes Essen, und der Raki schmeckt auch (Foto) → S. 42

Aus dem Bilderbuch

Ein Meer wie aus dem Bilderbuch gibt es an vielen Stellen der Südküste. Unvergleichlich aber ist das herrliche Blaugrün des Mittelmeers vor dem Hintergrund der Kiefernwälder in der Bucht von *Ölüdeniz* bei Fethiye → S. 45

Laue Sommernächte

Der alte Yachthafen von Marmaris und die Gassen der *Hacı Mustafa Sokak* verwandeln sich nachts in eine Openair-Disko. Man erscheint well dressed zum Abenddrink → S. 48

Orientalisches Flair

Das *Kaleiçi* ist ein Magnet für alle Südküstenurlauber. Der historische Stadtkern von Antalya beherbergt schöne Boutiquehotels, Cafés und Restaurants. Unten im Yachthafen zu sitzen und dem Treiben zuzuschauen ist ein Genuss → S. 53

Deep Blue

Taucher aus aller Welt tummeln sich im Sommer in *Kaş*. Die hübsche Kleinstadt am Meer hat sich mit ihren Tauchgründen und Tauchschulen zu einem Mekka für Taucher entwickelt → S. 63

Bei den Urchristen

Der Apostel Paulus und seine urchristliche Gemeinde haben im Südosten der Küste Spuren hinterlassen. Eine Messe in der *Apostelkirche St. Peter* in Antakya ist ein unvergessliches Erlebnis → S. 88

TYPISCH

BEST OF ...

SCHÖN, AUCH WENN ES REGNET

Aktivitäten, die Laune machen

REGEN

Ab ins Museum!

Wem bei Sonnenschein die Zeit für einen Museumsbesuch zu schade ist, der sollte auf einen Regentag hoffen. Denn wer das *Archäologische Museum* in Antalya nicht gesehen hat, der hat etwas verpasst (Foto) → S. 53

Shopping unter Dach

Im *Migros*-Einkaufszentrum in Antalya können Sie sich bei Regen gut die Zeit vertreiben. Die Türken lieben den überdachten modernen Basar. Hier finden Sie neben Läden und Fastfood-Restaurants auch schickere Cafés, wo Sie sich mit Ihrer Lektüre eine Zeitlang niederlassen können → S. 54

Wenn schon nass, dann richtig

Gehen Sie einfach in den *Hamam* – mit allem Drum und Dran vergehen zwei, drei Stunden wie im Flug. Ein stimmungsvolles Ambiente bietet z. B. das alte Bad im Markt von Fethiye → S. 39

Verstaubte Schätze

Das *Archäologisches Museum* von Adana ist das älteste Museum der Türkei. Die altmodische Präsentation der antiken Kostbarkeiten entwickelt großen Charme → S. 83

Unter die Erde

Wenn's oben mal ungemütlich wird, steigen Sie doch einfach in die Unterwelt! Überall an der Küste gibt es Höhlen zu besichtigen wie z. B. die Tropfsteinhöhle *Köșekbükü Mağarasi* bei Anamur → S. 86

Müßiggang unter Dach und Fach

Nein, Fische und Meeresgetier gibt es in diesem *Aquarium* nicht zu bestaunen. Dafür können Sie aber unter den großen Schirmen des schönen Bar-Restaurants an der Promenade von Marmaris bei Tee oder Kaffee wunderbar einen Regenschauer überbrücken → S. 47

ENTSPANNT ZURÜCKLEHNEN

Durchatmen, genießen und verwöhnen lassen

ENTSPANNT

Schlammkur und heiße Bäder

Die heißen *Schlammbäder* bei Dalyan ziehen jährlich Zehntausende Besucher an. Der Heilschlamm trocknet im Freien auf dem Körper, danach ist das Bad im 39 Grad warmen Quellwasser eine unbeschreibliche Wohltat für alle Sinne (Foto) → S. 37

Landflucht

Abseits jeder Hektik in schöner Umgebung und bei guter Verpflegung weben, holzschnitzen, Gemüse ernten oder Marmelade kochen – das tut Körper und Seele gut und geht wunderbar auf der *Ökofarm Pastoral Vadi* bei Fethiye → S. 43

Schwitzen im Hamam

Das Geheimnis des türkischen Bades sind Entspannung, Peeling, Massage. Nachdem sich im Dampf die Poren geöffnet haben, wird die Haut geschrubbt; die Massage rundet das Ganze ab. Eine besondere Adresse: *Sefa Hamamı* in Antalya → S. 55

Klassik im antiken Theater

Im Sommer sind die Klassikkonzerte sowie Opern- und Ballettaufführungen im antiken *Aspendos*-Theater zwischen Antalya und Manavgat ein Highlight. Die Akustik ist immer noch hervorragend. Einfach abschalten und genießen ... → S. 78

Erholung vom Stadttrubel

Mermerli, der kleine Stadtstrand von Antalya, liegt versteckt hinter der Altstadt. Nach einem ermüdenden Tag im Museum und auf dem Basar ist der Sprung von der Badeplattform ins Meer eine Wohltat – vor allem im Herbst, wenn Antalya nicht mehr so voll, das Wasser aber noch über 25 Grad warm ist → S. 55

Luxus pur

Nichts tun und relaxen: In den großen Zimmern und Bungalows, am Pool und am Privatstrand des *Amara Wing Resort* in Kemer kann man vollkommen abschalten, im Fitnessbereich vollends den Alltag vergessen → S. 68

AUFTAKT

ENTDECKEN SIE DIE TÜRKISCHE SÜDKÜSTE!

Strand, so weit das Auge reicht. Egal, ob man links, rechts oder über die Schulter schaut: Am Strand von Patara ist kein Ende in Sicht. Kilometerlang zieht sich der feine Sand am Wasser entlang, und die Dünen reichen noch Hunderte Meter ins Hinterland. Und auch dahinter kommen noch keine lärmenden Straßen, sondern erst einmal die letzten steinernen Spuren des antiken Patara, einer einst großen Hafenstadt. Aus den Ruinen der alten lykischen Stadt schaut man aufs Meer oder auf die Taurusberge, die bei klarer Sicht nicht weit entfernt scheinen.

Auch wenn Patara schon ein besonderes Kleinod ist, die Kombination von weitem Strand, antiken Stätten und den bis in den Frühsommer schneebedeckten Gipfeln des Taurusgebirges ist typisch für die türkische Mittelmeerküste. Über 600 km ziehen sich die Berge immer in Sichtweite des Meeres von der westlichen Ägäis bis an den östlichen Rand des Mittelmeers. Der vorgelagerte Küstenstreifen – mal so schmal, dass die Berge fast ins Meer rutschen, mal etliche Kilometer breit und von Baumwollfeldern überzogen – gehört ***mit einsamen Stränden, malerischen Städtchen, kulturellen Highlights*** und quirligen Touristenzentren zu den abwechslungsreichsten Urlaubslandschaften des gesamten Mittelmeers. Das Zentrum der Mittel-

Bild: Bucht von Beydağları

meerküste ist Antalya. Die Stadt hat sich in den letzten 20 Jahren in schwindelerregendem Tempo von einem geruhsamen Küstenstädtchen zu einer Tourismusmetropole entwickelt. Obwohl viel gebaut wurde, ist es gelungen, den charmanten Kern der Stadt behutsam zu restaurieren und in seinem ursprünglichen Charakter zu erhalten. Antalya ist ein guter Ausgangspunkt, um sowohl die breiten Badestrände im Osten als auch die felsigen, ***romantischen Steilküsten mit ihren kleineren Badebuchten*** im Westen zu besuchen.

Rundumferien an der Türkischen Riviera

Fährt man von Antalya aus nach Osten, erreicht man am Stadtrand einen großen Sandstrand, der den Beginn der „Türkischen Riviera" markiert. An diesem Küstenabschnitt zwischen Antalya und Alanya verbringen ***die meisten deutschen Urlauber*** ihre Ferien. Von All-inclusive-Anlagen über kleine Hotels in historischen Orten wie Side bis zu Campingplätzen und Pensionen in Manavgat ist die touristische Infrastruktur hier auf dem letzten Stand. Berühmte historische Stätten wie das Amphitheater Aspendos oder die Bergruinen in Termessos runden das Bild der Türkischen Riviera ab.

Alanya, die nach Antalya zweitgrößte Stadt an diesem Küstenabschnitt, ist schon fast zu einer Art deutscher Provinz geworden. In dem im Jahresmittel wärmsten Ort am östlichen Mittelmeer haben sich so viele Deutsche niedergelassen, dass Alanya bereits wie die türkische Entsprechung zu Mallorca erscheint. Wer von Alanya aus weiter nach Osten fährt, erreicht schnell Orte, die ***vom Tourismus noch fast unberührt***

14 000 v. Chr. Erste Spuren menschlicher Zivilisation in den Höhlen des Taurusgebirges

1200–700 v. Chr. Beginn der griechischen Kolonisation

334 v. Chr. Alexander der Große vertreibt die Perser aus Anatolien

2. Jh. v. Chr.–2. Jh. n. Chr. Blütezeit der griechischen Städte und Siedlungen

47–57 n. Chr. Apostel Paulus gründet die erste christliche Gemeinde in Antioch

330 n. Chr. Die Römer übernehmen;

Traumhaft in die Landschaft eingebettet: das römische Theater von Aspendos

sind. Die Küste wird hier steiler, die breiten Strände seltener, und der nächste Flughafen ist immer weiter entfernt. Hier leben die Küstenbewohner noch mehr von der ***Landwirtschaft*** als vom Tourismus. In Anamur erreicht die Küste ihren südlichsten Punkt, dahinter öffnet sich die riesige Bucht von Adana, der östlichste Teil des Mittelmeers. Die Bucht ist als Badegebiet nicht geeignet: Hier liegen die großen Industriehäfen Mersin und İskenderun, das Öl-Verladeterminal von Yumurtalık und die sumpfigen Ebenen im Mündungsgebiet des Ceyhan. Erst am Ende der Bucht, kurz vor der syrischen Grenze, wird es wieder interessant. Das türkische ***Antakya ist das Antiocheia der Bibel***, wo Paulus die erste große christliche Gemeinde gründete.

Auf den Spuren der Urchristen

Byzanz wird Hauptstadt des Römischen Reichs

1207 Die Seldschuken erobern Antalya und Umgebung

1307 Gründung des Osmanischen Reiches

1914–18 Das Osmanische Reich verliert den Ersten Weltkrieg an Deutschlands Seite; die Sieger besetzen Kleinasien

1923 Nach dem Befreiungskrieg gründet Mustafa Kemal die Türkische Republik

1945–50 Einführung des Mehrparteiensystems; Beitritt zur Nato

Von Antalya aus nach Westen gibt es schon wenige Kilometer hinter der Stadt die ***spektakulärste landschaftliche Kulisse des östlichen Mittelmeers*** zu bewundern. Hier fallen die Taurusberge aus bis zu 3000 m Höhe fast senkrecht ins Meer, die Küste ist in unendlich viele Buchten zergliedert, die von Sandstränden über Kiesel und Klippen alles bieten. Zu Beginn der Strecke kommen rund um Kemer noch einmal viele Clubanlagen, dahinter beginnt das ***Paradies für Individualreisende***. Einsame Buchten in Olympos, zauberhafte kleine Pensionen in Kaş die weiten Strände von Patara: Die lykische Küste ist ein Traum für alle, die sich auf Entdeckungsreise machen wollen.

Lykien – ein Revier für Individualisten

Mit Fethiye, Marmaris und Bodrum erreicht man dann die nach Antalya ***bekanntesten Tourismuszentren der Türkei***. Ölüdeniz, eine der herrlichsten Buchten des Mittelmeers bei Fethiye, die Felsgräber und Schilfwälder von Dalyan, das Segelparadies in der Gökova-Bucht und die Mandelhaine auf der Datça-Halbinsel: Der Westzipfel der Küste hat Überraschungen zu bieten, die weit über den spektakulären Paragliding-Sprung vom Babadağ und den bestausgebauten Segelhafen des östlichen Mittelmeers in Marmaris hinausgehen. Es gibt ***mythenumwobene Plätze*** wie Knidos, ursprüngliche Fischerdörfer wie Bozburun, aber auch luxuriöse Ferienanlagen und exklusive Hotels rund um Marmaris. Mit die schönste Art und Weise, die Südküste zu erleben, ist ein Trip mit einem der großen Holzboote, den Gulets. Die ***„Blaue Reise"*** wie diese Bootstouren entlang der Küste genannt werden, sind Entspannung pur. Ganz nebenbei entdeckt man aber auch Buchten und Küstenabschnitte, die nach wie vor von Land aus nur schwer erreichbar sind, weil es weder Straßen noch befahrbare Feldwege gibt.

Die Saison geht an der Südküste von April bis November. Selbst in den Wintermonaten wird es kaum kälter als 10 Grad, allerdings kann es von Dezember bis März heftig regnen. Wenn die Sonne aber durchkommt, wird es auch im Februar schon so warm, dass die Hotels ihre Pools öffnen. Mai bis September gibt's dann ***Sonne pur***, im Juli/August können die Temperaturen auf 40 Grad ansteigen. Meist sorgt aber eine Brise dafür, dass es trotzdem angenehm bleibt. Die türkische Tourismusindustrie hat in den letzten Jahren viel dafür getan, dass die Südküste nicht nur für den klassischen

1960–80 Militärputsche (1960, 1971, 1980); Zypernkrise (1974)

2002 Nach ihrem Wahlsieg regiert die moderat islamistische AKP das Land alleine

2005 Die EU beginnt Beitrittsgespräche mit der Türkei

2013 Demonstrationen der säkularen Türken gegen die AKP. Diese werden z. T. brutal unterdrückt

2014 Der syrische Bürgerkrieg und die Kurdenfrage beschäftigen die Türkei; Erdoğan wird zum Staatspräsidenten gewählt

Strandurlaub, sondern auch ***für Kulturreisende und Winterurlauber interessant*** wird. Viele antike Stätten sind heute besser gepflegt als noch vor einigen Jahren und damit auch besser zugänglich. Mit Golfplätzen und Wanderwegen werden Aktivurlauber angelockt, die gerade nicht die heißen Sommermonate bevorzugen. Nicht zuletzt

Gemächlich und pittoresk: die Altstadt von Kaş

haben sich auch etliche Hotels darauf eingestellt, Gästen aus dem Norden, die den Winter in der Türkei verbringen wollen, attraktive Angebote zu machen.

Natürlich hat auch die Mittelmeerküste der Türkei ihre Schattenseiten. Trotz der Beteuerungen der Regierung, die Fehler des Massentourismus nicht wiederholen zu wollen, gibt es üble Bausünden. Und die viel beschworene orientalische Gastfreundschaft ist im Trubel von Marmaris oder Side auch nicht mehr das, was sie einmal war. Die Bevölkerung hat hier längst ein professionelles Verhältnis zu den Besuchern, was bei Millionen von Gästen im Jahr auch nicht verwundern kann. Das ändert sich, wenn man die ausgetretenen Pfade des Massentourismus verlässt. Wer jenseits seiner Ferienanlage auf Entdeckungstour geht, findet verschlafene Dörfer, in denen die Zeit stillzustehen scheint, aber in denen Menschen leben, die immer offen sind für ein Gespräch, selbst wenn's mit der Sprache hapert. ***Hier sind Fremde noch Gäste.*** Machen Sie sich deshalb auch einmal ohne Ihren Reiseleiter auf den Weg. Sie werden feststellen, dass man Ihnen mit viel Hilfsbereitschaft und Interesse entgegenkommt.

Attraktiv auch in der Nebensaison

IM TREND

1 Şalgam Suyu

Gesunder In-Drink Şalgam mausert sich zum In-Getränk. Den herben Gemüsesaft gibt's jetzt in immer mehr Bars und Diskos an Alanyas Ausgehmeile am Hafen, auch gemischt mit Spirituosen. Ein Muss ist der Drink zum Adana-Döner, und das nicht nur in der Geburtsstadt des Spießes. Die *Güneyliler-Restaurants (www.hacininsalgami.com.tr)* in der *Turgut Reis Cad. 66* und am *Atatürk Bulvarı 88* in Antalya bieten Şalgam frisch zubereitet an. Für Daheimgebliebene gibt's den Drink auch in der Dose.

2 Made in Turkey

Very fashionable Nicht nur die Modehauptstadt İstanbul, auch die Fashionmetropolen weltweit setzen auf türkische Labels. Wer die Nase vorn haben will, shoppt bei *Vakko (Şirinyalı Mah. | Tekelioğlu Cad. 22 | Antalya | www.vakko.com.tr)* oder *Herry (im Einkaufszentrum Terracity | Tekelioğlu Cad. 55 | Antalya | Lara | www.herry.com.tr)*. Coole Jeanswear, Blusen und Schals gibt es bei *Mavi (www.mavi.com) (Foto)*; *Ipekyol (im Einkaufszentrum Alanyum | Cumhuriyet Mah. | Çevreyolu Cad. 204–219 | Alanya | www.ipekyol.com)* setzt auf officetaugliche Mode, mit der man auch auf der After-Work-Party glänzen kann.

3 Essen im Fluss

Fisch auf den Teller Schöner kann man nicht speisen. Im *Botanik (Ulupınar | www.ulupinarbotanik.com)* isst man auf schwimmenden Plattformen auf einem See. Was serviert wird? Fisch natürlich. Nah am Wasser gebaut haben auch das *Havuzbaşı Şelale* und *Havuzbaşı Şelale 2 (Ulupinar | www.selalerestoran.com)*. Die servierte Forelle stammt direkt aus dem Fluss – frischer geht's nichts.

An der türkischen Südküste gibt es viel Neues zu entdecken. Das Spannendste auf diesen Seiten

Tanz auf dem Wasser

4

Wakeboarding Surfen ist ein alter Hut. Die trendigen Wassersportler zieht es aufs Wakeboard. Und das Beste ist: Wer für die Trainingseinheiten nicht auf den Wellengang warten will, geht in den weltmeisterschaftserprobten *Cable Park* von *Hip Notics (Manavgat | www.hip-notics.com) (Foto)*. Dort wird man umweltschonend von einem Elektromotor und einem Drahtseil angezogen. So klappt's auch eher mit den ersten gewagten Tricks. Auch in Alanya kann man sich auf dem Wakeboard versuchen. Im *Gold Cable Wake Park (Kargıcak Beldesi | www.goldcablepark.com)* kann man nicht nur tagsüber übers Wasser gleiten, sondern sich auch gleich in Bungalows und Apartments am See einrichten *(Eintritt 35 Euro, Übernachtung ab 500 Euro/Woche).*

Zwei Tage Design

5

Einchecken im Designerhimmel Aus İzmir und İstanbul, London und Hamburg reisen sie an. Antalyas Designhotels sind zum beliebten Wochenendziel für Europas verwöhnte Kurzurlauber geworden. Das *Hotel SU (Konyaaltı | Antalya | www.hillside-hotels.de) (Foto)* ist ein wahrgewordener Designertraum. Das Hotel wartet mit unzähligen Details auf – von den weißen Lederliegen über den rosa beleuchteten Hamam bis zu den Diskokugeln in der Lobby. Ebenfalls ein Traum in Weiß und Licht ist das *Royal Adam & Eve (Iskele Mevkii | Antalya | www.royaladamevehotel.com)*. Mehr Farbe – und ungewöhnliche Details, wie Handfeger als Kunstwerke an der Wand – bringt das *The Marmara Antalya (Eski Lara Yolu 102 | www.themarmarahotels.com)* in der Küstenstadt ins Spiel.

FAKTEN, MENSCHEN & NEWS

ANTIKE

Die Mittelmeerküste Anatoliens gehört zu den frühesten bekannten menschlichen Siedlungsgebieten. Ausgrabungen bei Çatal Hüyük zwischen Antalya und Konya förderten neolithische Kulturzeugnisse, u. a. Wandmalereien und Plastiken von Stierschädeln, aus dem 7. Jahrtausend v. Chr. zu Tage. Seit dieser Zeit lassen sich über die Jahrtausende hinweg immer wieder menschliche Siedlungen nachweisen, so aus der Bronzezeit und später aus der Zeit der Hethiter. Die heute noch zu besichtigenden Zeugnisse der Antike stammen aus der Zeit der Besiedlung durch griechische Kolonisten, die um 1200 v. Chr. an der anatolischen Küste landeten. Aspendos, Perge und Side gehören zu den eindrucksvollsten, bis heute gut erhaltenen Zeugnissen griechischer Siedlungen.

ATATÜRK

Jedem Besucher der Türkei, der sich außerhalb seines Hotels umschaut, werden die Statuen, Büsten und Bilder Mustafa Kemal Atatürks (1881–1938) auffallen. Der Ehrenname „Atatürk" („Ahne der Türken") hat bis heute seine Berechtigung, denn die moderne, 1923 gegründete Republik ist immer noch weitgehend seine Schöpfung. Der im Ersten Weltkrieg berühmt gewordene General organisierte nach dem Krieg den Widerstand gegen die Besetzung und Aufteilung des Osmanischen Reiches unter den Siegermächten. Er wurde zum Volkshelden und Führer im Unabhängigkeitskrieg,

 Bild: Amphitheater Termessos

Der Steckbrief der Türkischen Südküste: Gesellschaft und Geschichte, Kultur und Politik, Religion und Wirtschaft

den die türkische Volksmiliz schließlich für sich entschied. Die wichtigste Phase seines Wirkens begann jedoch nach dem Sieg auf dem Schlachtfeld. Mit seiner Republikanischen Volkspartei (CHP) setzte Atatürk auf den Aufbau einer laizistischen, an Europa orientierten Republik. Der letzte osmanische Sultan musste das Land verlassen, der Islam als Staatsreligion wurde abgeschafft, das lateinische Alphabet eingeführt und die Sprache modernisiert. Atatürk setzte die Gleichberechtigung der Frau durch und verbot das Tragen typisch osmanischer Kleidungsstücke wie des Fes oder des Schleiers. Mustafa Kemal starb mit 57 Jahren in İstanbul. Die als „Kemalismus" bezeichnete Modernisierung der Türkei und ihr Wegbereiter sind heute nicht mehr unangefochten. Die türkische Gesellschaft ist gespalten zwischen Atatürk und Erdoğan: Die Islamisierung des Alltags von oben stößt auf Widerstand. Für die säkulare Bevölkerung wird Atatürk wieder zum Symbol eines freieren Landes ohne religiöse Zwänge.

BAUMWOLLE

Wer im Herbst die Küste entlangfährt, glaubt zuweilen seinen Augen nicht zu trauen. Weit und breit ist alles weiß. Doch was aus der Ferne wie Schnee aussieht, sind Baumwollfelder. Die Pflanzenknospen platzen im Herbst auf und setzen die weißen Faserbällchen frei. Baumwolle, das „weiße Gold", ist nach dem Tourismus die wichtigste Einnahmequelle an der Mittelmeerküste. Sie ist Grundlage der Textilindustrie und bringt den Bauern gute Gewinne. Deshalb wurde die Baumwolle vor allem rund um Adana fast zur Monokultur. Während in vielen Gegenden noch mit der Hand gepflückt wird und deshalb im Spätsommer Scharen von Wanderarbeitern unterwegs sind, wird auf großen Flächen bereits maschinell geerntet.

FRAUEN

Frauen sind in der Türkei gesetzlich gleichgestellt und genießen seit 1930 auch das Wahlrecht. So wenig es für Frauen im öffentlichen Leben rechtliche Beschränkungen gibt, so sehr sind sie im Alltag aber häufig noch mit einem traditionellen, patriarchalisch geprägten Weltbild konfrontiert. Das gilt besonders in ländlichen Gegenden, in den armen Zuwanderervierteln am Rand der Großstädte und im Osten der Türkei. In den letzten Jahren wurde das Familienrecht westeuropäischen Standards angepasst und der Frau auch in der Ehe die volle Gleichberechtigung eingeräumt. Dass es trotzdem immer wieder Fälle von Kinderheirat gibt oder in konservativen religiösen Kreisen die illegale Mehrehe vorkommt, ist Ausdruck großer Entwicklungsunterschiede in einem Land, das einem rasanten sozialen Wandel unterliegt. Für Touristinnen gibt es im Vergleich zu anderen islamischen Ländern keine Einschränkungen. Allerdings sollte „frau" sich an entlegenen Orten lieber nicht lange alleine aufhalten.

Die Baumwollernte wird vielerorts noch in Handarbeit erledigt

FUSSBALL

Kaum jemand verbindet mit der türkischen Mittelmeerküste großen Fußball, und doch sind die Strände ein Dorado für Kicker. Schon länger haben nordeuropäische Profivereine Antalya und Umgebung als Trainingsquartier für die Winterpause entdeckt. Das Klima ist mild und gerade richtig zum Auftanken, die Hotels haben häufig schöne Fußballplätze, und das Konditionstraining macht am Strand auch mehr Spaß als in der kalten Heimat. Für die Hoteliers sind die Vereine zu einer festen Größe geworden. Die Teams kommen nämlich nicht nur mit Trainerstab und Betreuern, auch viele Fans buchen ihren Urlaub im selben Hotel.

ISLAM

Offiziell ist die Türkei immer noch eine säkulare Republik. Es gibt keine Staatsreligion, und die Religion soll in den staatlichen Institutionen keine Rolle spielen. In der Zeit der Einparteienherrschaft bis zum Ende des Zweiten Weltkriegs wurde die Macht der Kleriker beschnitten; Sektenhäuser wurden geschlossen, die Anhänger in den Untergrund gedrängt. Schon mit den ersten Wahlen 1950 begann sich das zu ändern. Konservative Regierungen räumten der Religion einen stetig wachsenden Platz im öffentlichen Bereich ein, Restriktionen gegen islamische Orden wurden aufgehoben, und der Religionsunterricht an den staatlichen Schulen wieder eingeführt. Seit 2002 wird die Türkei von einer Partei regiert, die ihre Wurzeln eindeutig im politischen Islam hat. Seitdem tobt im Land ein Kulturkampf zwischen der AK-Partei und ihren Anhängern auf der einen und der säkularen, zumeist in den Großstädten lebenden Bevölkerung andererseits. Wichtige Themen dieses Konflikts sind die Bedeckung der Frau und das Verbot von Alkohol. Über beides wird ausgiebig gestritten, wobei die Konservativen auf dem Vormarsch sind. Trotzdem ist die Türkei noch weit davon entfernt, das islamische Recht, die Scharia, wieder einzuführen, oder statt des Sonntags – wie in islamischen Ländern – den Freitag zum Feiertag zu erklären. Besucher, die sich überwiegend an der Küste aufhalten oder sich an den touristischen Brennpunkten im Land orientieren, werden von dem Trend zum Islam kaum etwas spüren. Nur wer sich auf Entdeckungstouren in anatolische Städte im Landesinnern aufmacht, muss damit rechnen, kaum noch ein Restaurant zu finden, dass alkoholische Getränke im Angebot hat.

KURDEN

Die Kurden gehörten ursprünglich nicht zu den Anwohnern des Mittelmeers. Sie leben weiter östlich, in der Bergregion im Südosten der Türkei, entlang der iranischen und irakischen Grenze. Seit der Republikgründung haben sich aber Millionen von Kurden über die Türkei verteilt, darunter viele im Ballungsgebiet um Adana und Mersin. Seit den 1980er-Jahren kämpft die illegale Kurdische Arbeiterpartei (PKK) bewaffnet für einen eigenen Staat. Nach der Festnahme des PKK-Chefs Abdullah Öcalan 1999 wurde der Konflikt eingefroren. 2013 startete die AKP-Regierung eine neue Initiative und begann mit Öcalan über einen innertürkischen Frieden zu verhandeln. Mit dem syrischen Bürgerkrieg sehen jedoch viele Kurden die Zeit für ein unabhängiges Großkurdistan kommen, was die Lage im Südosten des Landes unberechenbar macht. Vor allem der Kampf um die syrische Grenzstadt Kobane verschärfte 2014 den Konflikt erneut.

LYKIER

Erstmals erwähnt wurden die Lykier in der Ilias von Homer als ein Volk, das die Trojaner unterstützte. Über ihren Ursprung wissen Archäologen bis heute wenig – trotz der Gräber, die sie als Zeugnisse ihrer Kultur hinterlassen haben. Von Dalyan über Fethiye bis Antalya finden sich hoch in den Bergwänden des Taurus die berühmten Felsgräber der Lykier. Daneben gibt es freistehende Sarkophage. Obwohl ein eher kleines Volk, müssen sich die Lykier über Jahrhunderte, etwa vom 15. bis zum 3. Jh. v. Chr., sowohl gegen die anatolische Großmacht der Hethiter, als auch gegen griechische Kolonisten und persische Großkönige erfolgreich zur Wehr gesetzt haben. In ihren Festungen im Taurusgebirge konnten sie sich offenbar so erfolgreich verteidigen, dass es keinem der Großreiche der Antike gelang, sie zu unterwerfen.

PARTYTIME

Sie haben gelesen, dass die türkische Regierung den Alkoholkonsum im Land verbieten oder doch zumindest stark einschränken will? Machen Sie sich keine Sorgen, Sie werden an Ihrem Urlaubsort nichts davon bemerken. Was für große Teile der Türkei tatsächlich Teil des Kulturkampfs zwischen religiösen und säkular orientierten Menschen geworden ist, hat die touristischen Regionen am Mittelmeer bislang nicht erreicht. In allen Urlaubsorten gibt es eine Vielzahl von Kneipen, Restaurants und Bars, die Alkohol ausschenken. Die absoluten Party-Orte sind Marmaris, Kemer und Side. In Antalyas Altstadt und in Kaş geht man hingegen eher ruhiger aus, auch wenn man hier genug Tanzmöglichkeiten unter den Sternen hat. In der Regel gilt es in der Türkei, sich für den Abend schick zu machen. Nur dürfen die Stilettos nicht im Kopfsteinpflaster steckenbleiben ... In der Gastronomie am türkischen Mittelmeer gibt es mittlerweile eine größere Vielfalt als noch vor ein paar Jahren. Wo es früher nur die traditionellen Mittagslokale und das Fischrestaurant für den Abend gab, ist jetzt vom einfachen Kebaplokal bis zur gehobenen Feinschmeckergastronomie alles zu finden – jedenfalls in den Zentren Marmaris, Fethiye, Antalya und Alanya. Wer möchte, findet auch jede Menge Kultur. Und damit sind nicht nur die antiken Stätten gemeint, die es an diesem Teil des Mittelmeers in Hülle und Fülle gibt, sondern auch Filmfestivals, Konzerte und andere Veranstaltungen, die die Kommunen auf die Beine stellen. Berühmt sind das Filmfestival von Antalya, wo jedes Jahr die „Goldene Orange" vergeben wird, und die Konzerte im größten am Mittelmeer erhaltenen griechischen Amphietheater Aspendos. Aber auch ein Konzert vor den Säulen des Apollo-Tempels in Side oder kleinere Veranstaltungen in Kaş sind eine schöne Ergänzung zum Strandurlaub.

PIRATEN

Wer heute auf dem Meer ein Segel in der Sonne blitzen sieht, weiß, dass dort eine Yacht friedlich durchs Wasser zieht. Vor 2000 Jahren war das anders. Das Mittelmeer galt als Piratenrevier, und wer ein Segel am Horizont auftauchen sah, dachte zuerst daran, sich in Sicherheit zu bringen. Hochburg der Piraterie war die Küste Kilikiens rund um das heutige Alanya. Dort war der wichtigste Hafen einer Piratenbruderschaft, die große Kapergemeinschaften bildete und damit im 1. und 2. Jh. v. Chr. das gesamte Mittelmeer unsicher machte. Die Piraten stießen bis in die Adria und zum italienischen Festland vor und brachten damit fast den gesamten römischen Seehandel zum Erliegen. 75 v. Chr. ging den kilikischen Piraten Julius Cäsar persönlich ins Netz. Er brachte ihnen zwar 50 Talente ein – eine riesige Summe –, doch dafür sorgte Cäsar nach seinem Freikauf für

An der türkischen Südküste ist der Tourismus ein wichtiger Wirtschaftsfaktor

die Verfolgung seiner Entführer. Der Feldherr Pompeius erhielt 20 Legionen, 500 Schiffe und die Befehlsgewalt über das Mittelmeer. Gegen diese Armada waren die Piraten machtlos. Nach wenigen Monaten hatte Pompeius die Kaperflotten versenkt und die Stützpunkte der Piraten an der kilikischen Küste zerstört.

TOURISMUS

Seit zehn Jahren gehört die Türkei zu den Ländern, die als schnell wachsende Schwellenländer gelten, also kurz davor stehen, ein voll entwickeltes, modernes Industrieland zu sein. Das Land verzeichnete lange hohe Wachstumsraten von im Schnitt 7 Prozent, und die türkische Börse blieb eine der profitabelsten weltweit. Auch wenn es nach wie vor Armut gibt, steigt der Konsum kontinuierlich, leisten sich immer mehr Türken ein Auto und im Sommer einen Urlaub. Die Tourismusindustrie zählt zu den wichtigsten Wachstumsbereichen des Landes und liefert ständig neue Erfolgsmeldungen. So gehört Antalya, die Metropole der Südküste, zu den meistbesuchten Städten weltweit, rangiert hinter Paris, London und Singapur bereits an vierter Stelle. Das bezieht sich allerdings auf die gesamte Region um Antalya, die als Urlaubsdestination immer beliebter wird. Neben den Besuchern aus Deutschland und dem übrigen Westeuropa, die bis vor ein paar Jahren in Antalya noch fast unter sich waren, sind es heute vor allem Russen, die den Deutschen die Spitzenposition streitig machen. Seit die Türkei die Visumspflicht für Reisende aus den meisten arabischen Ländern aufgehoben hat, kommen auch viele Besucher aus dem Iran und den Golfstaaten. Araber aus den reichen Golfstaaten zieht es allerdings weniger an die Strände als vielmehr nach İstanbul. In der Metropole am Bosporus können sie die Annehmlichkeiten einer westlichen Weltstadt mit den Gewohnheiten eines islamischen Landes verbinden, was im gesamten Nahen Osten als große Attraktion gilt.

ESSEN & TRINKEN

Wie vieles in der Türkei, ist auch die Küche eine Synthese. Aus Zentralasien brachten türkische Viehzüchter Milchprodukte wie z. B. Joghurt mit. Von den Byzantinern wurden Fisch- und Geflügelgerichte übernommen und aus arabischen Ländern raffinierte Vorspeisen mit Walnüssen und Kichererbsen.

Aus Mesopotamien kam der Weizen und wurde zu dem in der Türkei verbreiteten Weißbrot verarbeitet. Einwanderer aus Russland und dem Balkan brachten Teigwaren *(börek)* mit. Und schließlich bot das Mittelmeerklima ***frisches Obst und Gemüse, Kräuter und Oliven***. Das alles finden Sie heute auf dem Speiseplan guter Restaurants. Und die „Mittelmeerdiät" mit Pflanzenfetten und mehr weißem statt rotem Fleisch verlängert ja bekanntlich das Leben! Tatsächlich tauchen Herz- und Gefäßleiden, Krebs und Diabetes am Mittelmeer seltener auf als in nördlicheren Breitengraden. Kurzum: Die Küche der türkischen Südküste variiert von der ***ägäischen Küche mit griechischem Einschlag*** im Westen bis zur sehr ***arabisch-orientalisch*** anmutenden und schmeckenden Küche der Region Adana-Antakya im Osten. Je weiter nach Osten Sie fahren, desto schärfer und fettiger wird es. Aber überall finden Sie leichte Salate, frischen Joghurt und Obst. Und der Trend zum vegetarischen Essen hat auch die Türkei erreicht.

Das ***türkische Frühstück*** ist mehr als das französische, aber weniger als das deutsche: Außer an den Frühstücksbüfetts der Feriendörfer und großen Hotels be-

 Bild: Restaurant am Hafen von Antalya

Wählen Sie aus zwischen frischem Gemüse und Fisch, viel Obst und rein pflanzlichen Ölen – hier ernähren Sie sich wirklich gesund

kommen Sie überall Butter, Schafskäse, Marmelade, Honig, Oliven, Tomaten und Gurken. Die Türken trinken morgens schwarzen Tee *(çay)*, Sie werden löslichen Kaffee bekommen, mit *(sütlü)* oder ohne Milch *(sade)*.

Da die ***Hauptmahlzeit am Abend*** eingenommen wird, und die meisten Hotels Halbpension bieten, werden Sie mittags draußen mit kleineren Gerichten ihren Hunger stillen müssen. In allen Ferienorten gibt's Cafés, die kleine Gerichte wie Pizza, Omelette, Crêpe oder Sandwiches anbieten. In den Kebap-Häusern müsste der Steinofen schon heiß sein, damit Sie nicht zu lange auf die mit Hackfleisch belegten Pizzen *(lahmacun)* oder das Fladenbrot *(pide)* mit Käse *(peynirli)*, Gehacktem *(kıymalı)*, Geschnetzeltem *(kuşbaşı etli)*, Schinken *(pastırmalı)* mit *(yumurtalı)* oder ohne aufgeschlagenem Ei *(yumurtasız)* warten müssen. Das ***Joghurtgetränk Ayran*** gehört dazu, aber Achtung: Es macht müde! Wo es ***Döner***, den bekannten Fleischspieß gibt, können Sie sich die Spezialität *iskender* (mit To-

SPEZIALITÄTEN

arnavut ciğeri – frische Lammleber wird „auf albanische Art" klein geschnitten, in Mehl gewälzt und gebraten

Çerkez tavuğu – das „Tscherkessenhuhn" wird mit Walnüssen zubereitet und ist eine raffinierte Vorspeise

çoban salata – Tomaten, Pepperoni, Gurken, Zwiebeln und schwarze Oliven muss ein guter Hirtensalat auf jeden Fall enthalten

çupra ızgara – gegrillten Meeresbarsch isst man nur am Mittelmeer

deniz börülcesi – die „Meeresbohnen" wachsen in verwilderten Buchten und werden roh mit Olivenöl gegessen

gözleme – dünne Pfannkuchen, mit Käse oder Hackfleisch gefüllt

haydari – in der Paste sind Schafskäse, Joghurt, Petersilie, Paprika, Minze und Knoblauch

iç pilav – das osmanische Palastgericht ist ein mit Korinthen, Tomaten, Hühnerleber und Pinienkernen angereicherter, mit Zimt gewürzter Reis

kazandibi – die Milchspeise mit Reismehl und Vanillezucker muss ein bisschen anbrennen, um gut zu schmecken

kılıçbalığı şişte – pikant marinierter Schwertfisch, der mit Paprika und Zwiebeln am Spieß gegrillt wird

künefe – arabisches Dessert: Käse mit Zucker im Ofen gebacken

mantı – die türkischen Tortellini sind mit Hackfleisch gefüllt und werden mit Knoblauchjoghurt übergossen (Foto re.)

midye dolması – Miesmuscheln werden mit *iç pilav* gefüllt und kalt serviert

oruk – das berühmte Gericht aus Antakya sieht aus wie große, goldbraun geröstete Ostereier und besteht aus Hackfleisch, Weizengrütze, Mehl, scharfen Gewürzen und guten, pflanzlichen Ölen. Das Ganze wird geknetet und im Ofen gegrillt

paçanga böreği – Blätterteigtaschen, mit Schinken *(pastırma)* gefüllt

sebze borani – die *borani* genannten Gerichte sind eine Spezialität aus Antakya. Das Gemüse (z. B. Spinat, Kichererbsen) wird mit Hackfleisch, Joghurt und Knoblauch verarbeitet – gibt's auch ohne Fleisch

sıcak helva – türkischer Honig aus Sesam wird in der Pfanne gebraten: ein köstliches Dessert! (Foto li.)

tarator – cremige, rosafarbene Paste aus Fischrogen, sehr sättigend

zeytinyağlı enginar – Artischockenböden in Öl in Kombination mit Möhrchen und Kartoffeln

matensoße und Butter) gönnen oder einfach ein Brot auf die Hand zubereiten lassen. In der Türkei gibt es auch Spieße aus türkischem Schinken *(sucuk)* oder Hühnerfleisch *(tavuk)* – das erste ist scharf, das zweite ohne Tomatensoße *(domates sosu)* etwas trocken.

Abends setzt man sich kurz vor Sonnenuntergang zu Tisch. Aperitifs sind nur in größeren Hotels und Feriendörfern üblich. Importierte Getränke sind viel teurer als einheimische. Trinken Sie lieber ein türkisches *Efes Pilsen* als ein Importbier oder einen ägäischen statt ausländischen Wein. ***Die Weinproduktion macht seit Jahren große Fortschritte***; zu empfehlen sind die Marken *Antik, Corvus* und *Sarafin*. Wasser ist immer ohne Kohlensäure, mit heißt es *Soda*. Den hochprozentigen Anis-Schnaps *Rakı* sollten Sie besser nur in kleinen Dosen genießen!

Das klassische ***Abendessen*** besteht aus fünf Gängen: Vorneweg gibt es ***kalte Vorspeisen*** *(meze)* wie Auberginenpüree *(patlıcan salata)*, *humus* (Kichererbsenmus), Tintenfischsalat *(ahtapot salatası)*, eingelegten Fisch *(lakerda, çiroz)*, scharfes Tomatenmus mit Paprika *(ezme)* oder gefüllte Weinblätter *(sarma)*, Schafskäse *(beyaz peynir)*, Honigmelonen *(kavun)*, Kopfsalat *(göbek salata)* oder Hirtensalat *(çoban salata)*. Dann folgen ***warme Vorspeisen*** wie mit Schafskäse gefüllte Teigrollen *(sigara böreği)*, Lammleber mit Zwiebeln *(arnavut ciğeri)*, frittierte Miesmuscheln *(midye tava)* oder Tintenfischringe *(kalamar)*. Lecker: Shrimps aus dem Tontopf *(karides güveç)*.

Als ***Hauptgericht*** wählen Sie zwischen Fisch und Fleisch; Vegetarier sollten einfach mit Vorspeisen fortfahren. ***Fleisch wird immer gegrillt:*** Lammkoteletts *(pirzola)*, Lamm am Spieß *(şiş kebab)* oder Steaks *(bonfile, külbastı)* werden mit Thymian bestreut, als Beilage gibt es Reis *(pilav)*. Die frischen Fische des Tages werden in der Regel am Eingang ausgestellt, fragen Sie ruhig vorher nach dem Preis. Im Südosten werden Sie kaum Fisch finden und auf Fleisch umsteigen müssen.

Als ***Nachtisch*** gibt es landestypische Süßigkeiten wie *Baklava* (Blätterteig, mit Nüssen) oder *Helva* (türkischer Honig) – beides ist aber wirklich sehr süß! Danach wird gern noch frisches Obst gegessen. Den Abschluss bildet ein türkischer Mokka.

Die ***Restaurants*** haben in der Saison (Juni–Sept.) täglich geöffnet. Von Oktober bis Mai sind in den Urlauberhochburgen viele Restaurants und Kneipen zu. Im Fastenmonat Ramadan haben landeinwärts viele Lokale tagsüber geschlossen und öffnen erst kurz vor Sonnenuntergang.

Osmanische Esskultur: Sitzecke in einem traditionellen Restaurant

EINKAUFEN

Je touristischer ein Basar, desto wertloser meist die Ware. Diese Faustregel gilt für die touristischen Hochburgen wie Side oder Kemer. Eine weitere Regel lautet: In der Hochsaison (Juni–August) steigen die Preise. Das gilt sowohl für Lederjacken als auch für Äpfel und Birnen. Und schließlich bekommen Sie Lebensmittel am Abend, wertvollere Güter wie Teppiche, Lederbekleidung oder Schmuck dagegen morgens am billigsten. Die Händler freuen sich über den ersten Kunden und glauben, dass es den ganzen Tag über Glück bringt, wenn er nicht mit leeren Händen aus dem Laden geht. Teppiche, Kelims, Lederbekleidung und Gold- oder Silberschmuck sind die begehrtesten Waren.

GOLD & SILBER

Gold ist in der Türkei billiger als in den Ländern der EU. Das 24-karätige, satt gelb schimmernde Edelmetall ist das Hochwertigste, aber auch Teuerste. Juweliere hängen den Tageskurs aus. Billiger und üppiger im Angebot ist das 18-karätige Gold, das alle von zu Hause kennen. Silber- und Goldware wird immer gewogen. Auch hier kann man feilschen. Aber Achtung: Viele Minerale oder Gesteine werden auf verschiedene Art und Weise manipuliert, um ihre Eigenschaften (Farbe, Glanz, Haltbarkeit) zu verbessern und andere, seltene und wertvolle Schmucksteine (wie Türkis) nachzuahmen.

KRÄUTER

Im Hinterland der Mittelmeerküste, auf den Taurus-Bergen, wachsen herrlich aromatische Würz- und Heilkräuter: Thymian, Basilikum, Minze und viele andere Pflanzen werden täglich frisch gepflückt und zu den *Aktar* genannten Heilkundeläden in den Marktvierteln gebracht. Diese Läden sind leicht an ihren Auslagen mit Gewürzen und allerhand getrockneten Pflanzen zu erkennen. Es gibt hier Heilmischungen u. a. gegen Bronchitis, Rheuma, Schlaflosigkeit oder sogar gegen Depressionen. Die *Aktar,* deren Betreiber ihr Wissen von ihren Vätern und Großvätern vermittelt bekommen haben, sind immer einen Besuch wert – sei es auch nur, um leckere, sonnengetrocknete Tomaten für die Spaghettisoße daheim zu erwerben. Es gibt inzwischen auch türkische Naturkosmetik. Sehr empfehlenswert sind die Cremes der Marken *Bosphorus* und *Cemre*.

Hier wird der Einkauf zum sportlichen Ritual: schauen, feilschen, Tee trinken, plaudern und weiterfeilschen

TEPPICHE

Im Hinterland der Küste, in den Bergen, werden sehr wertvolle Teppiche geknüpft. Wer Lust und Zeit hat, kann sich in Antalya oder Adana in seinem Hotel über die nahen Dörfer erkundigen, ein Auto mieten und einfach hinfahren. Vor Ort verständigt man sich mit Händen und Füßen über den Preis. Die meisten werden sich jedoch in den örtlichen Läden umschauen. Achten sollte man bei Teppichen auf die Knotenzahl pro Quadratzentimeter – je mehr Knoten, desto wertvoller der Teppich. Verlangen Sie Kelims oder Teppiche aus naturgefärbter Wolle, weil die Anilinfarbe bei Nässe oft verläuft. Wenn Sie den Angaben des Verkäufers nicht trauen, lassen Sie eine Stichprobe machen – aber nur, wenn Sie die Ware danach wirklich kaufen werden! Dasselbe gilt fürs Feilschen: Sie können bei teurer Ware den Preis meist auf ca. 75 Prozent der anfangs genannten Summe drücken. Doch wenn Sie nicht entschlossen sind zu kaufen, sollten Sie gar nicht erst zu feilschen beginnen. Die Händler schicken Teppiche kostenfrei zu Ihnen nach Hause. Wenn Sie die Ware selbst mitnehmen, heben Sie die Quittung für den Zoll auf.

TEXTILIEN

Wer auf der Suche nach authentischen, mit Pflanzenfarben gefärbten und handgewebten Stoffen ist, wird an der türkischen Südküste sicher fündig. Schöne Stoffe aus echter Baumwolle – als Meterware oder verarbeitet in Form von Tischdecken oder Servietten – sind auf den Wochenmärkten besonders günstig zu haben. In den Marktvierteln der Kleinstädte wie Fethiye und Alanya gibt es Läden, die auf dieses Angebot spezialisiert sind. Wer gute und billige Hand- und Badetücher sucht, wird sie in Läden finden, die „Aussteuer" anbieten und in ihren Schaufenstern Damen- und Bettwäsche präsentieren.

DER SÜDWESTEN

Die Südwestküste mit der rund 100 km langen Datça-Halbinsel, an deren Spitze die Ägäis ins Mittelmeer übergeht, ist das Segelparadies der Türkei. Hier wurde die „Blaue Reise“ erfunden, die geruhsame Segeltour in einem traditionellen Holzboot von Bucht zu Bucht.

Die Küste ist hier zerklüftet und bietet unzählige wunderbare Ankerbuchten, die oft über Land nur schwer zu erreichen sind. Neben dem Golf von Gökova, der sich über mehr als 100 km ins Landesinnere erstreckt, gibt es noch die fjordartigen Badebuchten von Marmaris, Ekincik und Fethiye, die diesen Küstenabschnitt so reizvoll machen. Ausführliche Informationen über Datça und die nordwestlich verlaufende Küste finden Sie im Marco Polo Band „Türkische Westküste“.

Obwohl mit Marmaris, Fethiye und (an der Westspitze des Gökova-Golfes) Bodrum drei der größten touristischen Zentren der Türkei in der Region liegen, gibt es noch unzählige schöne Plätze und Sehenswürdigkeiten, an denen der Massentourismus bislang vorbeigegangen ist. Auch Besucher, die diese Küste nicht vom Wasser aus, sondern mit dem Auto oder Bus erkunden wollen, haben vielfältige Möglichkeiten, eindrucksvolle Natur- oder Kulturdenkmäler zu entdecken. Ein besonderes Erlebnis ist die Fahrt entlang des Köyceğiz-Sees, einem der schönsten Naturschutzgebiete der ganzen Türkei.

Wer nach der Einsamkeit einer abgelegenen Bucht Abwechslung und Unterhaltung sucht, ist in Marmaris oder Fethiye bestens bedient. Vom Einkaufsbummel

Bild: Bucht von Ölüdeniz bei Fethiye

Im Revier der „Blauen Reise": Der südwestliche Abschnitt der türkischen Mittelmeerküste bietet Strände, Sport und Spaß

bis zur Clubnacht ist alles im Angebot, selbstverständlich auch gute Hotels und feine Restaurants. Durch den internationalen Flughafen in Dalaman ist die Region außerdem von vielen deutschen Flughäfen aus direkt zu erreichen.

DALYAN

(133 E5) (*🗺 E6*) **Das frühere Fischerdorf Dalyan (8000, im Sommer 35 000 Ew.) hat sich erst in den letzten Jahrzehnten zu einem Ferienort mit ausgeprägtem Ökobewusstsein entwickelt.**

Anders als die meisten Ferienorte liegt Dalyan nicht am Meer, sondern an einem Kanal, der den Köyceğiz-See mit dem Meer verbindet. Kurz hinter Dalyan weitet sich der Kanal zu einem großflächigen Mündungsdelta aus, das von schwimmenden Schilfinseln bedeckt ist. Das bis zu 3 m hohe Schilf macht die Bootsfahrt zum Strand zu einer labyrinthischen Reise durch das ★ *Schilfdelta*. Dalyan wurde bekannt als Zentrum

Aus dem Stein gehauen: lykische Felsengräber dei Dalyan

der Bemühungen um den Schutz der bedrohten Meeresschildkröte *Caretta caretta*. Auch die Wasserschildkröten im Kanal (die sogenannten Nil-Kröten) stehen unter Schutz und ernähren sich von Fischen. Im Gebiet um Dalyan bis nach Köyceğiz gelten strenge Bauvorschriften. Das hat Dalyan vor hässlichen Hotelkästen bewahrt, sodass der Charakter des Ortes erhalten blieb. Die Menschen leben vor allem von den Fischfarmen und der Baumwolle. Hotels, Apartments und Restaurants ziehen sich am linken Flussufer entlang. Von einigen Stellen schaut man auf lykische Felsgräber, die in den steilen Berghang auf der gegenüberliegenden Flussseite gemeißelt wurden. Das Wasser in den Kanälen und im See eignet sich gut zum Baden.

SEHENSWERTES

FELSENGRÄBER

Die angestrahlten Felsengräber *(Kaya Mezarları)* der Lykier aus dem 4. Jh. v. Chr. verleihen Dalyan eine zauberhafte Atmosphäre. In diesen kleineren und größeren Nischen mit oder ohne Tempelfassaden haben die Lykier einst ihre Notablen und Könige bestattet. Felsengräber spielen auch in der jüdisch-christlichen Kulturgeschichte eine wichtige Rolle: Das Neue Testament überliefert die Bestattung Jesu von Nazareth in einem „Felsengrab" vor den Toren Jerusalems.

KAUNOS ★

Gegenüber von Dalyan liegen die Ruinen der antiken Stadt Kaunos, einer Siedlung, die ihre beste Zeit im 4. Jh. v. Chr. hatte. Kaunos war damals eine Hafenstadt an der Grenze von Karien zu Lykien – berühmt für Pökelfisch und Sklavenhandel. Homer erwähnt sie, merkt aber auch an, dass die Stadt aufgrund der Sümpfe in der Umgebung ein ungesundes Klima habe, womit wohl Malaria gemeint war. Wer sich die Mühe macht, auf die *Akropolis* von Kaunos auf 152 m Höhe zu klettern, hat einen phantastischen Blick über das Mündungsdelta bis zum Strand und auf den großen Köyceğiz-See. Unterhalb der Akropolis liegt das gut erhaltene *Theater,* von dem aus der Weg zum ehemaligen *Hafen* führt, der seit 2000 Jahren schon verlandet ist. Man kann von Dalyan mit dem Boot entweder auf die gegenüberliegende Seite übersetzen und an den lykischen Gräbern vorbei über den Hügel nach Kaunos laufen oder sich mit dem Boot direkt zum neuen Hafen von Kaunos bringen lassen. *Tgl. 8.30–19 (Nov.–März bis 17) Uhr | Eintritt ca. 3 Euro*

RADARTURM

Von Dalyan Richtung İztuzu-Strand nimmt man 1 km vor der Abzweigung den Weg hinauf zum *Radar Kulesi.* Von hier hat man einen wunderbaren Blick über das Delta. Man schaut bis zu den Sandras-Bergen hinter dem Köyceğiz-See. Die Straße führt weiter zur Asi-Bucht, einer beliebten Station auf der Blauen Reise. Fernab vom Trubel, manchmal völlig einsam, kann man hier baden.

ESSEN & TRINKEN

CEYHAN

Das Restaurant liegt direkt am Wasser auf den Wiesen und besticht mit seinem Blick über den Kanal und nachts auf die angestrahlten Felsengräber. Auf der Karte stehen Fisch- und Fleischgerichte, aber auch vegetarische (Vor-)Speisen. Ruhig. *Tgl. | Gülpınar Mah. | Sahil Kenarı | Tel. 0252 2 84 53 87* | €€

DENIZATI

Das „Seepferdchen" ist das beste Restaurant in Dalyan, in dem es frischen Fisch von der Fischereikooperative gibt. Auch Fleisch vom Grill und eine gute Vorspeisenplatte. *Kordon Kenarı | Tel. 0252 2 84 21 29* | €€

INSIDER TIPP SAKI

Netter Familienbetrieb an einem ruhigen Platz am Fluss. Hervorragende türkische Küche. *Maraş Mah. | Geçit Sok. 15 | Tel. 0252 2 84 52 12* | €

STRÄNDE

Der ● *İztuzu-Strand* von Dalyan gehört zu den schönsten der Türkei. Der Strand ist zum Schutz von bedrohten Meeresschildkröten, die hier ihre Eier ablegen, allerdings ab 20 Uhr für Besucher geschlossen. Von Dalyan aus erreicht man İztuzu am schönsten mit einem Boot. Fast jedes Hotel in Dalyan bietet einen Bootsservice zum Strand, man kann aber auch am Hafen ein Dolmuş-Boot nehmen, das nach dem Prinzip „Sammeltaxi" ver-

MARCO POLO HIGHLIGHTS

★ **Schilfdelta Dalyan**
Spannende Bootsfahrt durchs Schilflabyrinth → S. 33

★ **Kaunos**
Antike Stadt mit Akropolis und Theater → S. 34

★ **My Marina**
Restaurant mit Traumblick über die Bucht von Ekincik → S. 38

★ **Felsengräber**
Lykische Grabkammern hoch über Fethiye → S. 39

★ **„Blaue Reise"**
Mit dem Boot vor der Küste unterwegs → S. 42

★ **Ölüdeniz**
Bei Fethiye begeistert die schönste Lagune am Mittelmeer → S. 45

Mit Ködern werden die Schildkröten am İztuzu-Strand angelockt

kehrt *(Fahrpreis ca. 2 Euro).* INSIDER TIPP Mondscheintouren zum İztuzu-Strand, wo man nachts schwimmen kann, starten abends vom Kai.

FREIZEIT & SPORT

Man kann auf eigene Faust Kaunos besuchen, um die im Naturschutzgebiet lebenden Vögel von 150 Arten zu beobachten. Starten Sie früh morgens. Die Boote parken am Kai. Es empfiehlt sich, mit dem Fischer am Tag zuvor den Preis auszuhandeln und das Boot durch eine Anzahlung zu reservieren.

AM ABEND

JAZZ BAR LA VIE

In der Open-Air-Kneipe wird montags, mittwochs und am Wochenende Livemusik gespielt: mehr Easy Listening als Jazz. Die Preise sind moderat. *Tgl. ab 21 Uhr | Gülpınar Cad. 6 | Tel. 0252 2 84 33 66*

M & M ROCK BAR

Muff & Mustys Kneipe ist seit 2006 Treffpunkt der Freunde guter Rockmusik. Schummriges Licht, stets gute Stimmung. *Tgl. 8–3 Uhr | Maraş Cad. 61 F*

ÜBERNACHTEN

DALYAN CAMPING

Der einzige Campingplatz Dalyans liegt sehr hübsch am Wasser und bietet neben Zeltplätzen auch Bungalows und Ferienhäuser für bis zu 6 Personen. *Maraş Cad. 72 | Tel. 0252 2 84 53 16 | Wirt Servet Vural: Handy 0506 8 82 91 73 | www.dalyancamping.com | €*

DALYAN CARIA PREMIUM

Auf einer Landzunge gegenüber den Gräbern gelegen, bietet das Haus mit Pool seinen Gästen schöne Touren in die reizvolle Umgebung. *Maraş Mah. | Yalı Sok. 7 | Tel. 0252 2 84 50 35 | dalyancariapremium.com | €€*

INSIDER TIPP **HAPPY CARETTA**
Wunderbar gelegenes, freundliches Familienhotel am Fluss mit Blick auf die Felsgräber. Schöner Garten, eigenes Boot. *18 Zi. | Maraş Cad., Kaunos Sok. 26 | Tel. 0252 2 84 21 09 | www.happycaretta.com | €€–€€€*

KILIM HOTEL
Gemütlich, mit großem Garten und Pool, ruhig, angenehme Atmosphäre, die Wirtsleute sprechen Deutsch. *20 Zi. | Kaunos Sok. 11 | Tel. 0252 2 84 22 53 | www.kilimhotel.com | €–€€*

NATURAL VILLA APARTMENTS
50 m vom Kanal entfernt sind die Apartments in einem hübschen Neubau mit Pool und Garten untergebracht. Klimatisierte Wohnungen mit Küche, Bad und Balkon. *Gülpınar Mah. | Tufan Cad. 78 | Tel. 0252 2 84 35 32 | www.natural-villa.com | €–€€*

AUSKUNFT

DALYAN TURIZM DANIŞMA
Atatürk Kordonu 1 | Köyceğiz | Tel. 0252 2 84 42 35 | www.dalyanonline.net | www.dalyanturkey.com

ZIELE IN DER UMGEBUNG

ÇAMUR BANYOLARI (SCHLAMMBÄDER) ● (133 E5) *(D E6)*
Wer von Dalyan aus den Fluss statt in Richtung Meer etwa 1 km flussaufwärts fährt, kommt zu den Schlammbädern von *Horozlar (Çamur Banyoları)*. Das sind heiße Schwefelquellen, die dort am Fuß der Berge aus der Erde sprudeln. Man kann sich selbst eine Schlammpackung auflegen oder einfach nur zum Spaß im heißen Wasser toben. Von Dalyan aus fahren regelmäßig Boote zu den heißen Quellen. *Eintritt ca. 5 Euro*

EKINCIK (133 E5) *(D D6)*
Das Dörfchen Ekincik, vor allem aber die gleichnamige Bucht, sind ein Kleinod, das unter Yachttouristen sehr beliebt ist. Von Dalyan aus erreicht man die Ekincik-Bucht am einfachsten mit einem Ausflugsboot, vorbei am İztuzu-Strand an der Küste entlang nach Westen (ca. 1 Std.). Es verkehren aber auch Minibusse dorthin. Am Ende der Bucht, die einem Fjord gleicht, liegt Ekincik. Wenn man bei der Fahrt in die Bucht hinein auf halber Strecke rechter Hand anlegt, findet man über eine steile Treppe eines der schönsten

DIE PATIN DER SCHILDKRÖTEN

June Haimoff kam 1975 mit ihrem kleinen Segelboot „Bouboulina" nach Dalyan. Die damals 53-jährige Engländerin entdeckte den İztuzu-Strand und verließ den Ort, um nach acht Jahren wiederzukommen und sich an diesem Strand eine Holzhütte zu bauen. Dabei entdeckte sie eines Nachts die Karettschildkröten bei der Eiablage. Als Ende der 1980er-Jahre ein großes Hotel hier gebaut werden sollte, nahm sie ihren Kampf um die Erhaltung der Brutstätten der seltenen Schildkröten auf. Daran beteiligte sich publizistisch damals auch die deutsche „tageszeitung" in Berlin, was zu dem Erfolg – u. a. der Verhinderung des Hotelprojekts – beitrug. Die 2009 eingebürgerte „Kaptan June" lebt in Dalyan und kümmert sich um ihre Stiftung *(www.dalyanturtles.com)*.

Schilfinseln im Köyceğiz-See

Restaurants an der ganzen Küste: ★ *My Marina (Tel. 0252 2 66 02 76 | €€€)*. Direkt am Ende der Bucht liegt das schöne *Ekincik Butik Hotel (27 Zi. | Tel. 0252 2 66 02 03 | www.hotelekincik.com | €€)*. Auch eine Wanderung von Dalyan zur Ekincik-Bucht ist möglich. Am Kai, wo die Boote zu den Felsgräbern ablegen, setzt man zuerst kurz hinüber. Dort beginnt die Straße, die am antiken Kaunos vorbei zum Dorf Çandır führt. Der ausgeschilderte Weg bietet schöne Aussichten und endet in der Ekincik-Bucht. Er dauert bis zu drei Stunden. Zurück kann man mit dem Boot (oder dem Minibus) fahren. Die Kiefern mit weißen Mähnen, denen man unterwegs begegnet, sind eigentlich mit Vogelmist bedeckt. Hier hausen in Berghöhlen vom Aussterben bedrohte Adler.

KÖYCEĞIZ (133 E5) *(🕮 E5)*

Im Hinterland von Dalyan liegt der 52 km² große See von Köyceğiz, einst eine Meeresbucht, die nach der Antike verlandete. Da sein Wasser durch den Kanal gespeist wird und leicht salzig ist, kommen hier auch Meeresfische vor. Erste Siedlungen gab es bereits 3400 v. Chr.; Skyther, Assyrer, Ioner, Dorer, Perser, Hellenen, Römer und schließlich die Osmanen haben in den Bergen um den See herum ihre Spuren hinterlassen. Das Städtchen kommt provinziell daher, ist sehr türkisch und sehr ruhig. Es gibt kleine Hotels und Pensionen wie das etwas am Rande gelegene *Panorama Plaza (28 Zi., 4 Sui. | Ulucamii Mah. | Cengiz Topel Cad. 1 | Tel. 0252 2 62 37 73 | www.panorama-plaza.com | €€)* im schönen Garten mit Außenpool. Montags gibt es inKözceğiz einen schönen, dörflichen Markt. Angler können ohne Angelschein ihr Glück versuchen – Köder und Haken für die einheimische Meeräsche *(kefal)* werden am Kai angeboten. Das Wasser ist etwas trüb, aber zum Schwimmen geeignet. Einen kleinen Strand gibt es im Osten des Uferstreifens, mit Amberbäumen im Rücken, Duschkabinen und Kiosk.

Köyceğiz ist auch für seine heißen Quellen berühmt, die INSIDER TIPP *Sultaniye Kaplıcaları*. An der Südwestseite des Sees, am Fuße des Ölemez-Hügels, sprudeln die radioaktiven Heilquellen, die bereits zu byzantinischen Zeiten genutzt wurden. Die Quellen sind mit einem Kuppelbau überdacht; es gibt einen Außenpool für Schlammkuren, Umkleidekabinen, Duschen, ein Restaurant und Ruheräume. Die Bäder im 39–42 Grad heißen Wasser sollen gegen Rheuma, Lumbago, Haut- und Nervenkrankheiten helfen. Boote vom Kai fahren morgens zu den Quellen und bringen die Gäste ab dem frühem Nachmittag wieder zurück.

SARIGERME (133 E6) *(🕮 E6)*
Wegen ihrer Nähe zum Flughafen Dalaman ist die Bucht von Sarıgerme in den 2000er-Jahren zu einem Top-Tourismusziel aufgestiegen. Da, wo einst das antike Physilis stand, gibt es heute einen feinen Sandstrand mit einem blauen Himmel, der neun Monate im Jahr ungetrübt bleibt. Das ca. 800 m landeinwärts liegende Dorf *Osmaniye* war jahrhundertelang Ankunftsort der für den Schiffbau bestimmten Holzstämme. Vor dem 7 km langen Strand liegt im flach abfallenden Meer die Insel *Baba Adası,* für gute Schwimmer leicht zu erreichen. Während die Boote auf der Strandseite ankern, ist die felsige Rückseite der Insel ein Paradies für Taucher. Bed & Breakfast und Pensionen sind im Dorf vorhanden, 5-Sterne-Anlagen wie *Hilton* oder *Robinson Club* ebenfalls. Von hier aus kann man gut zur *Kapıdağ-Halbinsel* wandern, wo die Ruinen der lykischen Städte *Kyra, Lissai* und *Lydai* zu besichtigen sind.

FETHIYE

KARTE IM HINTEREN UMSCHLAG
(134 A4) *(🕮 F6)* **Fethiye (80 000 Ew.) ist die größte Stadt der Südwestküste und bis heute nicht vollständig vom Tourismus dominiert.**
Auch außerhalb der Saison herrscht reges Treiben, weil die Stadt der wichtigste Handelsplatz für die Agrarproduktion der Umgebung ist. Fethiye war ursprünglich eine lykische Stadt, die nach der Eroberung durch Alexander den Großen den Namen Thelmessos erhielt. Hinter dem Hafen wurde ein Amphitheater aus dieser Zeit ausgegraben. Es ist frührömisch und wurde im 2. Jh. n. Chr. renoviert.

Prächtige Koralle im Mittelmeer

5000 Sitze umfassend diente es unter Byzanz als Arena für Wagenrennen. Die Kommune restaurierte es als Veranstaltungsort. Thelmessos machte sich in der Antike als Orakelstadt einen Namen. Auf dem Hügel im Süden liegt die schöne Akropolis mit einem Theater sowie den Ruinen einer Burg, die vermutlich durch die Johanniter erbaut und später durch die Osmanen weiter benutzt wurde.
Die Erinnerung an den lykischen Ursprung der Stadt wird durch die spektakulären ★ *Felsengräber* im Berghang südlich des Zentrums wach gehalten. Die schönsten Sarkophage befinden sich neben der Stadtverwaltung am Hafen. Unter den Osmanen hieß die Hafenstadt Megri, bis sie 1934 in Erinnerung an den ersten gefallenen türkischen Piloten der Geschichte, Fethi Bey, in Fethiye umbenannt wurde. Die *Alte Moschee (Eski Camii)* und das ● *Hamam* aus dem 18. Jh. sind im *Markt (Paspatur)* zu besichtigen. Das wunderschöne Bad mit seinen 14

Kuppeln ist immer noch in Betrieb und einen Besuch wert!

Fethiye ist Ausgangspunkt für die berühmten „Blaue Reisen" und für den Lykischen Wanderweg (s. S. 105) und eignet sich auch gut für Ausflüge in die Umgebung – zu Fuß, per Auto oder Boot. Bei Tagesausflüglern sind vor allem die Buchten zwischen Fethiye und Göcek beliebt: 17 km fährt man zu der großen Bucht von *Katrancı,* wo ein Mischwald in die See übergeht. Mai bis Oktober darf hier gezeltet werden. Am Ufer entlang gelangt man zur Bucht *Kızlar,* ebenfalls von Kiefern umgeben und etwas ruhiger. Hier gibt es einige kleine Gaststätten. 2 km von Katrancı entfernt erreicht man – zu Fuß oder per Minibus – die INSIDER TIPP *Günlüklü-Bucht* mit ihren Amberbäumen, unter denen man zelten darf. Auch die *Küçük Kargı* ist voll mit Amber und liegt auf der Route der Minibusse, die nach Fethiye zurückfahren.

SEHENSWERTES

FETHIYE MÜZESI

Das Stadtmuseum besitzt u. a. gute archäologische und ethnologische Abteilungen. Es gibt interessante Funde, die bis ins 8. Jh. v. Chr. zurückgehen. *Di–So 9–17 Uhr | Eintritt 2 Euro | Kesikkapı Mah. | Okul Sok. 1*

GRAB DES AMYNTAS

Das sehenswerteste lykische Königsgrab der Region thront hoch über der Stadt (220 Stufen!). Es weist eine vorgebaute, 15 m hohe ionische Tempelfassade und ein in Stein nachgeahmtes Holzportal auf. Die Lykier bestatteten ihre Toten in erhöhten Felskammern, da sie glaubten, dass die Seelen der Verstorbenen von Sirenen in den Himmel getragen würden. Der Aufstieg zum Königsgrab ist ausgeschildert. *Eintritt 2 Euro*

ESSEN & TRINKEN

MEGRI LOKANTASI

Traditionslokal im Markt, das hervorragende türkische Topfgerichte zubereitet. *Cumhuriyet Mah. | Türkocağı Sok. 10 | Tel. 0252 6 14 40 46 | www.megrirestaurant.com* | €€

YACHT ROOF

Von dem schicken Fischrestaurant haben Sie einen guten Blick auf die Marina; gutes Essen! *1. Karagözler | Tel. 0252 6 14 15 30* | €€€

EINKAUFEN

Im Zentrum von Fethiye gibt es ein traditionelles Basarviertel *(Paspatur)*, wo Sie u. a. schöne Stoffe, Teppiche, Meerschaumpfeifen und türkische Süßigkeiten kaufen können. Die Kelims werden in den

Bergdörfern der Umgebung gewebt und mit Wurzelfarben veredelt. Regionaltypisch sind auch die schmalen, farbigen Stoffgürtel *(Kolan)*. Dienstags findet der *Wochenmarkt (Pazar)* statt, wo Sie all das und noch viel mehr finden. Im *Imagine Bookstore (tgl. 9–18 Uhr | Atatürk Cad. 18)* gibt es neben deutschsprachiger Literatur auch eine gute Auswahl an Karten und Musik-CDs.

STRÄNDE

Die Strände von Fethiye liegen nördlich der Stadt in Richtung Göcek und natürlich in Ölüdeniz. Der größte – er ist schmal, aber 5 km lang – und beliebteste ist *Çalış*. Er eignet sich besonders gut zum Surfen. Wer es ruhiger will, fährt nach *Belcekız, Katrancı* oder *Günlüklü*. Vom Busbahnhof in Fethiye verkehren Sammelbusse.

FREIZEIT & SPORT

Tauchen bieten *European Diving Centre (Fevzi Çakmak Cad. 53 | Tel. 0252 6 14 97 71 | www.europeandivingcentre.com)* oder *Divers' Delight (Dispanser Sok. 25/B | Tel. 0252 6 12 10 99 | www.diversdelight.com)*. Paragliding vom 2000 m hohen Babadağ hinab zum Belcekız-Strand gehört zu den größten Attraktionen, u. a. bei *Focus Tours (Tel. 0252 6 17 04 01 | www.focusparagliding.com)* oder *Extreme Tandem (Tel. 0252 6 17 01 20 | ca. 100 Euro)*. Jeepsafaris in die Berge organisieren *Alibaba (Tel. 0252 6 16 78 48 | www.alibabasafari.com)* in der Hisarönü-Bucht und *Garfield Travel Agency (Fevzi Çakmak Cad. | Yat Limanı 9/B | Tel. 0252 6 14 93 12 | 20–80 Euro)*. Der letzte Schrei sind INSIDER TIPP *Microlight-Flüge vom Babadağ*: Die leichten Fluggeräte sind motorisiert, der Flug dau-

Reichhaltiges Angebot auf dem Wochenmarkt in Fethiye

ert ca. 20 Min. (um 90 Euro). Los geht's von der Piste in Ovacık bei Hisarönü. Besonders beliebt: INSIDER TIPP **White Water Rafting auf dem Fluss Dalaman**, u. a. angeboten von *Activities Unlimited PTT (PTT Karşısı | Hisarönü | Tel. 0252 6 16 63 16 | www.activities-unlimited-turkey.com)*, in 90 Min. Entfernung von Fethiye. Und schließlich ist Fethiye Ausgangspunkt für die ★ ● *„Blaue Reise"*. Informieren Sie sich vor Ort über die Touren, und lassen Sie sich die Boote zeigen, z. B. von Kayhan Selçuk von *Alesta Yachting (Telgraf Ap. 9 | Yat Limani Karşısı 15 | Tel. 0252 6 14 18 61 | www.alestayachting.com)*. Preise variieren je nach Saison, Boot und Route.

Unerschrockene wagen sich zum Rafting auf den Dalaman

AM ABEND

In Fethiye gibt es in der Nähe des Alten Basars und an der Hafenpromenade viele Kneipen, in denen man abends essen, trinken und lange sitzen kann. Die atmosphärisch schönsten finden Sie in Ölüdeniz, am Belcekız-Strand oder an der Lagune. Die Sammelbusse fahren bis Mitternacht nach Fethiye zurück.

INSIDER TIPP BUZZ BAR

Stylische Bar unter dem Dach des *Deniz Camping* direkt am Meer, ideal für einen Aperitif zum Sonnenuntergang. *Tgl. 19–2 Uhr | Ölüdeniz | Tel. 0252 6 17 05 26 | www.buzzbeachbar.com*

CLUB BANANAS

Der Partytreff in Fethiye. Man zahlt, wie in den meisten Clubs, Eintritt und bekommt dafür einen Drink. Lokale und internationale Tanzmusik, Themenabende. *Hamam Sok. 5 | Tel. 0252 6 12 84 41*

ÜBERNACHTEN

INSIDER TIPP CLUB HOTEL LETOONIA

Nur 4 km von Fethiye entfernt, eine der schönsten Clubanlagen der Südwestküste mit 2 km langem Privatstrand. Die 165 000 m² große Anlage liegt auf einer bewaldeten Landzunge. *111 Zi., 509 Bung. | Tel. 0242 4 44 02 80 | www.letoonia.com* | €€€

FERAH HOTEL

7 Min. Fußweg vom Yachthafen entfernt bietet die auch als *Monica's Place* bekannte Pension saubere, zweckmäßige Zimmer. Vom Schlafsaal oben hat man einen Rundumblick über Fethiye. *9 Zi. plus Schlafetage | 2. Karagözler | Orta Yol 23 | Tel. 0252 6 14 28 16 | www.ferahpension.com* | €

OCAKKÖY

Das einst griechische Dorf Ovacık auf dem Weg nach Ölüdeniz ist ein Juwel im Grünen: Natursteinbungalows, großes Gelände, zwei Pools. *8 Zi., 6 Ap., 32 Bung. | Ovacık (7 km von Fethiye) | Ramazan Kaya | Tel. 0252 6 16 61 56 | www.ocakkoy.de* | €€

ÖKOFARM PASTORAL VADI

In 15 km Entfernung von Fethiye hat der İstanbuler Architekt Ahmet Kizen ein grünes Paradies aufgebaut: In einem von Kiefernwäldern umringten Tal werden den Gästen auf 42 000 m² Ruhe, gute Ernährung und wohltuende Aktivitäten angeboten. Wer Lust hat, kann auf den Ökofeldern Gemüse ernten, sich am Kelim-Webstuhl versuchen, töpfern, Holz schnitzen, Körbe flechten oder Marmelade kochen. Die Anlage besteht aus Bungalows und kleinen Häusern und bietet Halbpension. *25 Zi. | Yanıklar Köyü, Yemisli Mah. | Kocabük Mevkii | Muğla | alle 15 Min. Minibusse vom Busbahnhof (Otogar) Fethiye nach Yanıklarköyü; vom Flughafen Dalaman (40 km) entweder ein Taxi oder den Shuttle nach Fethiye nehmen | Tel. 0252 6 33 66 27 | www.pastoralvadi.com* | €

YACHT BOUTIQUE

Für eine Übernachtung in Fethiye selbst ist das Designhotel gegenüber dem Yachthafen eine gute Wahl. Angenehme große Zimmer, schöner Blick, Pool. *45 Zi. | 1. Karagözler | Tel. 0252 6 14 15 30 | www.yachthotelturkey.com* | €€€

AUSKUNFT

TURIZM DANIŞMA

İskele Meydanı 1 | Tel. 0252 6 14 15 27 | www.fethiye.net

ZIELE IN DER UMGEBUNG

GÖCEK (133 F6) *(E6)*

Das Städtchen in der gleichnamigen Bucht am Nordende des Fethiye-Golfes gehört zu den feinsten Adressen der Küste. Schicke Marinas laden den Jetset ein.

LOW BUDG€T

Im *Seastar Apart Hotel (18 Ap. | Foça Mah. | 1049 Sok. 3 | Tel. 0252 6 22 12 51)* am Strand Çalış bei Fethiye bekommen Sie für ca. 40 Euro/Nacht ein Apartment für vier Personen mit gratis WLAN, Balkon, Küche. Einen Außenpool gibt es auch.

Bei *Ece Yachting (Cumhuriyet Mah. | Dispanser Cad. 23/A | Fethiye-Muğla | Tel. 0252 6 14 40 20 | www.eceyachting.com)* können Sie im Mai oder im Oktober, wenn das Wasser noch warm und die Nächte noch lau sind, eine Yachttour für nur ca. 170 Euro/Pers. buchen (3 Nächte/4 Tage, Vollpension ohne Getränke).

In der *Midas Pension (10 Zi. | Inh. Selçuk Nur | Tel. 0252 2 84 21 95 | www.midasdalyan.com)* in Dalyan sitzt man für nur ca. 25 Euro im DZ auf der Holzterrasse überm Fluss und schaut auf lykische Felsgräber.

Ruinen am Berghang: Kayaköy, die verlassene Stadt

Vom Anleger starten Touren zu umliegenden Buchten und Inselchen, u. a. zu den sieben *Yassıcalar-Inseln* („Die Platten"), die man nach 90 Min. Fahrt erreicht und nach dem Ankern schwimmend abklappern kann. *Bedri Rahmi Koyu* ist eine Bucht, die nach dem Maler und Dichter Bedri Rahmi Eyüboglu (1911–75) benannt wurde. Er hat sich hier mit einem Fischbild auf einem Felsen verewigt. In Göcek liegen die Preise deutlich über dem Durchschnitt. Das gilt auch für das schönste Hotel am Ort, das *D-Resort Göcek (103 Zi. | Cumhuriyet Mah. | Tel. 0252 6 61 09 00 | www.dresortgocek.com.tr | €€€)*. Ebenfalls sehr fein ist das *Lykia Resort Hotel (95 Zi. | Tel. 0252 6 45 28 28 | www.goceklykiaresort.com | €€€)*. Göcek eignet sich gut für einen relaxten Urlaub im Apartment, z. B. im *Mr. Dim Apart Otel (13 Zi. | Cumhuriyet Mah. | Inönü Bulvarı | 1. Sok. | Tel. 0252 6 45 19 69 | www.mrdim.com | €€)* mit Außenpool. Vom Frühstück bis zum Abendessen ist *Marti's Café (D-Marin | Cumhuriyet Mah. | Camtaş Cad. 12/1 | Tel. 0252 6 45 31 34 | €€)* eine gute Adresse. Auch gut ist das *Can (Tel. 0252 6 45 15 07 | €€). Von Fethiye 30 km | Sammelbusse vom Busbahnhof*

KAYAKÖY ● (134 A5) (🕮 F6)
Das Dorf ist ein Zeugnis menschlicher Unvernunft. Mit zwei Kirchen schön an einem Hang gelegen, stellt man erst auf den zweiten Blick fest, dass alle Gebäude Ruinen sind. Kayaköy, früher Levissi, ist seit 1923 eine Geisterstadt. Bis dahin lebten hier 3500 Griechen, die nach dem türkischen Sieg im Unabhängigkeitskrieg aufgrund des gegenseitigen Bevölkerungsaustauschs ihre Häuser verlassen mussten. Mit dem Tourismus kehrte wieder Leben ein. Restaurants, Pensionen und Teehäuser wurden eröffnet; die große Kirche wurde restauriert. Im Rahmen der Künstlerinitiative **INSIDER TIPP** *Kaya Sanat Kampı (Kunstlager | Tel. 0533 7 63 62 73 | www.sanatkampi.com)* kann man in restaurierten Häusern übernach-

ten und töpfern, malen und fotografieren lernen. Reservierung: *kayaartcamp@gmail.com. Eintritt 2,50 Euro | von Fethiye 8 km | nur mit Taxi*

INSIDERTIPP KELEBEKLER VADISI (TAL DER SCHMETTERLINGE)

(134 A5) (*F7*)

Ein Stück Paradies ist das Tal in Faralya, 5 km südöstlich von Ölüdeniz. Es schneidet tief ins Gebirge ein und endet an einem wunderbaren Strand. Der antike Name lautete Perdicia. Im 19. Jh. wurde es von Anwohnern in Güldürümsü umgetauft. Der isolierte Canyon hat Felsenwände, die bis zu 400 m hoch sind. Am oberen Ende gibt es einen 60 m hohen Wasserfall. Da es hier außer einigen Bungalows keine Übernachtungsmöglichkeiten gibt, ist Zelten eine Alternative; Dusche und WC sind vorhanden, Komfort darf man in sanitärer Hinsicht nicht erwarten *(Tel. 0530 3 02 19 65)*. Das Tal ist berühmt für seine seltenen Schmetterlingsarten und den von hier aus besonders gut zu beobachtenden Sternenhagel von Mitte Juli bis Ende August. Minibusse vom Busbahnhof verkehren relativ oft. Zu Fuß ist der Weg vom Dorf Faralya hierher etwas beschwerlich; bei der *George House Pension (12 Bung. plus mietbare Zelte | Kelebekler Vadisi Girişi | Tel. 0252 6 42 11 02)* führt ein Pfad z. T. steil abfallend ins Tal, man hält sich bei Bedarf an Stricken fest. Der Abgang dauert 45 Min. und ist nur Menschen ohne Höhenangst zu empfehlen. Die bequemste Alternative: Das Boot vom Belcekiz-Strand in Ölüdeniz *(Juni–Sept. tgl. 11, 12, 14, 16, 18 und 19 hin und 9.30, 10.30, 13, 14.30, 17 und 18 Uhr zurück nach Ölüdeniz)*.

ÖLÜDENIZ ★ ● (134 A5) (*F6–7*)

Die Lagune, die nur durch einen schmalen Durchfluss mit dem Meer verbunden ist, ist eine Augenweide: azurblaues Wasser und weiße Sandstrände, gerahmt von grünen Pinienwäldern. Von Fethiye führt eine 14 km lange Straße serpentinenartig durchs Gebirge hinunter zum *Belcekız-Strand,* dem linken Abschnitt der großen Bucht, an deren rechtem Ende die Lagune Ölüdeniz liegt. 950 ha Land sind hier zum Naturschutzgebiet erklärt worden. Belcekız war noch vor 30 Jahren ein Geheimtipp; Globetrotter auf dem Weg nach Katmandu machten hier gerne Halt. Heute ist der Abschnitt Ölüdeniz ein öffentliches Strandbad mit Eintritt. Man kann Kanus und Kajaks mieten. Am Belcekız-Strand gibt es immer noch Campingplätze, aber das „paradise" ist längst nicht mehr so „isolated" wie in den frühen Zeiten. Ein stilles Eckchen, vor allem im Frühjahr und Herbst, ist trotzdem das INSIDERTIPP *Hotel Meri (94 Zi. | Tel. 0252 6 17 00 01 | www.hotelmeri.com | €€)*. Die Bars am Belcekız-Strand sind die schönsten in Fethiye. *Von Fethiye 12 km | Sammelbusse vom Busbahnhof*

PINARA (134 A5) (*F7*)

Die Reste der antiken lykischen Stadt Pınara lohnen die Anfahrt von Fethiye schon wegen ihrer grandiosen Lage. Von dem Hochplateau, das an drei Seiten abfällt und vor einer Felswand endet, in der Gräber in die Mauer geschlagen sind, hat man einen wunderbaren Rundblick. Außerdem finden sich noch Zeugnisse antiker Kulturen aus der Zeit um 400 v. Chr. Von Stadttoren über Königsgräber bis zu den Resten eines Theaters und einer Festung kann man ungefähr die Ausmaße der früheren Stadt erahnen. *Eintritt 2 Euro | von Fethiye 40 km in Richtung Kalkan*

ZWÖLF-INSEL-TOUR (133 F6) (*E–F6*)

Morgens geht's los vom Kai: Zwischen 10 und 11 Uhr legen die Ausflugsboote ab zur *Oniki Adalar Turu*. Ölüdeniz und die

Inseln bei Göcek liegen auf der Route. Die größeren Inseln heißen *Kızılada* („Rote Insel"), *Delikli* („Die Gelochte"), *Yassıca* („Die Platte"), *Tersane* („Werftinsel"), *Domuz* („Schweineinsel") und *Şövalye* („Ritterinsel"). Letztere wurde von den Kreuzfahrern auf Rhodos benutzt und ist noch bewohnt. Auf der Werftinsel sind die Überreste einer antiken Werftanlage zu besichtigen. In der Hamam-Bucht, wo die Boote für eine Schwimmpause ankern, sieht man im Wasser die Ruine eines byzantinischen Klosters. Während der Ankerpausen hat man Gelegenheit für Abstecher ins Landesinnere.

MARMARIS

KARTE IM HINTEREN UMSCHLAG (133 D5) *(D6)* **Einst das Urlaubsparadies der britischen Arbeiterklasse, hat Marmaris den Sprung in die erste Liga geschafft. Hotels, Restaurants, Märkte: Alles ist auf dem Weg, feiner und schöner zu werden.**

Lange weinte man hier dem malerischen Fischerdorf am Fuße einer Burg nach, das Marmaris noch bis in die 1980er-Jahre war. Hier konnte man gut Fisch essen und bescheiden unterkommen. Danach wurde Marmaris (im Sommer 150 000 Ew.) von britischen Reiseveranstaltern entdeckt. Die ganze Stadt schien fortan im Sommer fest in der Hand von Briten zu sein, die aber kaum Geld daließen. Die großen Kreuzfahrtschiffe waren es, die den Basar von Marmaris am Leben hielten. Als in den umliegenden Buchten ein neues, hochwertiges Hotel nach dem anderen entstand, strömten auch Besucher anderer Nationen hierher. Feine Ferienresorts, Spa-Hotels, Marina-Restaurants und ein relaxtes Publikum – Marmaris verändert sein Gesicht. Geblieben ist die wunderschöne Kulisse: Hier gehen die Wälder bis ans Ufer, im Hinterland erfrischt man sich in kühlen Gebirgsflüssen, man schläft unter Eukalyptus- oder Amberbäumen und atmet saubere Luft. Die *Netsel Marina* ist mit 1500 Liegeplätzen der größte Segelstützpunkt im östlichen Mittelmeer; vom Hafen aus kann man nach Rhodos übersetzen. Umliegende Buchten wie *Turunç* oder *İçmeler* sind im Sommer nicht so heiß und weniger überlaufen. Hier gibt's auch schöne Campingplätze.

Auch kulturell hat Marmaris aufgeholt: Im 7000 Menschen fassenden Amphitheater und in der historischen Burg gibt es oft Openairkonzerte. Der Kultur- und Kunstverein MAKSAD, das Kammerorchester (Tickets: *www.biletix.com.tr*), die städtische Kunsthochschule und das Kulturzentrum machen aus Marmaris eine richtige Kulturstadt. Im Frühling und Herbst zeigt sie sich von ihrer schönsten Seite. Ausflugsboote zu Stränden in der Umgebung legen jeden Morgen um 10 Uhr vor dem Atatürk-Denkmal am Yeni Kordon ab *(5–10 Euro)*. Längere Bootstouren nach Ekincik, Dalyan oder Bodrum starten vom Hafen aus. Die Fähren nach Rhodos legen hinter der Segelmarina ab *(www.marmaris-travel.com)*.

SEHENSWERTES

KALE (BURG)

Die Burg über der kleinen Altstadt wurde 1522 von Suleiman dem Prächtigen für sein Rhodos-Unternehmen an der Stelle einer ionischen Befestigungsanlage erbaut. Im Kastell ist ein kleines Museum mit archäologischen Stücken untergebracht *(Di–So 8–12, 13–15 Uhr)*. Das Kastell thront über dem Hafen *(Eintritt 2 Euro)*. Ebenfalls aus dem 16. Jh. stammt die Karawanserai *Hafza Sultan Han* in der Stadtmitte, wo heute ein Souvenirladen neben dem anderen steht.

Ein hübsches, grünes Plätzchen über der Stadt: die Burg von Marmaris

ESSEN & TRINKEN

In und um den Basar herum gibt es gute *lokanta* und Dönerbuden. Abends flaniert man im alten Hafen, wo die Restaurants meist feste Menüpreise haben und man gut dinieren kann.

AQUARIUM

Das Bar-Restaurant an der Uferpromenade (Richtung Kreuzfahrthafen) liegt optimal und bietet guten Service inklusive WLAN. Geschmackvolle Einrichtung, gute Küche. Auch tagsüber kann man hier bei einem Kaffee lange sitzen und aufs Wasser und die Promenade schauen. *Barbaros Cad. 55 | Tel. 0252 4 13 15 22 |* €€

DEDE RESTAURANT

Fisch und Meeresfrüchte in der Marina; lecker der Fischeintopf aus dem Ofen! *Barbaros Cad. 15 | Tel. 0252 4 13 17 11 | www.dederestaurant.com |* €€

MY MARINA ENGLISH PUB

Die britisch angehauchte Kneipe im Hafen gehört zu den besten Pubs vor Ort. Nicht nur Ale, sondern auch Pils! *Netsel Marina | Tel. 0252 4 13 04 31 |* €€€

SOFRA

Riesenauswahl an Vorspeisen, Kebap, Hausmannskost. Bis spät in die Nacht geöffnet. *36. Sokak |* €

EINKAUFEN

Das Teuerste bieten die Boutiquen in der *Netsel Marina*, das Billigste gibt's auf dem Wochenmarkt. *Marmaris Merkezi* heißt der Basar mit Leder-, Teppich- und Juweliergeschäften, die durch den Kreuzfahrttourismus etwas verwöhnt sind. Freitags wird in einem Parkhaus in der Neustadt ein Markt aufgebaut, auf dem Dörfler aus der Umgebung ihre frischen Ökoprodukte anbieten.

STRÄNDE

Marmaris hat zwar einen Stadtstrand, der für einen Sprung ins Wasser immer gut ist. Schöner ist es allerdings, ein Badeboot zur *Cennet-Insel*, zur Amazonen-

oder *Kilise*-Bucht zu nehmen. Die Boote legen vor dem Atatürk-Denkmal am Hafen ab.

AM ABEND

Die ● *Hacı Mustafa Sokak* ist die Kneipenmeile von Marmaris. Hier gibt es zahlreiche Bars. Die *Marina* ist teurer, bietet aber einen tollen Blick über die Bucht. Schöne Beach Bars gibt's in der *Uzun Yalı Sokak*. Unvergesslich: eine Mondschein-Bootstour *(22–ca. 2 Uhr | 5 Euro | Abfahrt am Hafen)*.

BLACKPOOL

In-Kneipe mit viel Platz im Freien. Die Drag Queen Roxy Tart zieht die Gäste mit allabendlichem Programm in ihren Bann und lässt sie per Lotterie Cocktails und CDs gewinnen; moderate Preise. *Siteler Mah. | Uzunyali Cad. 126 | Tel. 0252 4177416*

GREENHOUSE

Eine der beliebtesten Adressen in der Kneipenmeile. Auch im Winter geöffnet. *Hacı Mustafa Sok. 89 | Tel. 0252 4125071*

TALK OF THE TOWN

Cocktailbar, die sich im Laufe des Abends in eine Diskothek verwandelt. Mit dem Sound der 1960er- und 70er-Jahre zieht sie nicht nur junge Leute an. *Tgl. 19–4 Uhr | in Küstennähe, hinter der Shell-Tankstelle | Tel. 0252 4124772*

ÜBERNACHTEN

ANEMON

Zentrales, gutes Mittelklassehotel mit Pool, auch im Winter geöffnet. Wer nicht in die Buchten ausweichen will, ist hier richtig. *89 Zi. | Kemal Elgin Bulvari 63 | Tel. 0252 4133031 | www.anemonhotels.com/marmaris.asp* | €€

GÜLŞAH PANSIYON

Von der Hauptstraße zurückversetzte, nette Pension. Der Sandstrand ist nur 50 m entfernt. Die Zimmer sind klimatisiert und haben kleine Balkone. *20 Zi. | Atatürk Cad. 52 | Tel. 02524 126642 | www.gulsahpansiyon.com* | €

INBÜKÜ CAMPING

Schöner, umweltfreundlich geführter Campingplatz auf 4 km langem Ufergelände unter Amberbäumen. Es gibt Zelte und Bungalows zu mieten und ein nettes Caférestaurant. *Landstraße Marmaris–Datça, km 27 | Tel. 0252 4369119* | €

MARTI LA PERLA

Eines der ältesten Luxushotels von Marmaris liegt in der Bucht Icmeler (5 km vom Zentrum). 2013 renoviert, schöner Pool, türkisch-italienische Küche, 100 m langer, eigener Sandstrand. Keine Kinder unter 16! *182 Zi. | Cumhuriyet Mah. | 320. Sok. 8 | Icmeler | Tel. 0252 4553389 | www.marti.com.tr* | €€€

AUSKUNFT

TURIZM DANIŞMA

İskele Meydanı 2 | Tel. 0252 4121035 | www.marmarisinfo.com | www.marmarisinfo.com

ZIELE IN DER UMGEBUNG

REŞADIYE-HALBINSEL

(132 A–C 5–6) *(🗺 A–C6)*

Im Westen von Marmaris reckt sich die Reşadiye-Halbinsel in die Ägäis. Das antike *Knidos* und die beschauliche Hafenstadt *Bozburun* an beiden Enden sind beliebte Anlaufplätze für Segler. Drei Naturprodukte prägen dieses weithin unberührte Stück Natur: Honig, Oliven und Mandeln. 52 Buchten säumen die Halbinsel, am bekanntesten sind *Palamut-*

bükü, Hayitbükü und *Ovabükü*. Der alte Ortskern von *Datça* befindet sich in der Mitte der Halbinsel. Hier haben sich türkische Intellektuelle und Künstler eingerichtet. Die Neustadt ist weiter im Westen, am Meer. Viele Naturfreunde fahren wegen der Fauna nach Datça: 849 Pflanzenarten sind hier zu Hause, von denen 25 endemisch sind. Nicht zuletzt darüber informiert der *Datça Tourismusverein DAÇEV (Atatürk Cad. 71 | Sok. 1 | www.dacev.org.tr)*. Ein netter Familienbetrieb ist das *Badem Motel (16 Zi. | Palamutbükü | Tel. 0252 7255183 | www.bademmotel.com | €)* in der Bucht von Palamutbükü; eine einfache, saubere Herberge mit guter Verpflegung.

INSIDER TIPP *Bozburun* gilt als Refugium für zivilisationsmüde Kosmopoliten: ein kleiner Yachthafen, Restaurants und Cafés entlang der Mole, kleine Pensionen. Auch der Verkehr hält sich noch in Grenzen, weil hier die Straße endet. Bozburun ist berühmt für seine Schiffswerften – hier wird ein großer Teil der *Gulets*, der aus Holz gefertigten Großsegler für die „Blaue Reise", gebaut. Komfortable Unterkunft bietet der *Yachtclub Bozburun (10 Zi. | Adatepe Mah. | Yesilova Cad. 155/1 | Tel. 0252 4562192 | €€)* direkt am Meer.

TURUNÇ (133 D5) *(🗺 C–D6)*

Turunç war bis vor kurzem noch ein Geheimtipp. Heute wird es mit Minibussen von Marmaris aus (ca. 20 km) angefahren und hat einen touristischen Aufschwung erlebt. Trotzdem ist die von Bergen umgebene Bucht vor allem für Familien immer noch ein wunderbarer Ferienort mit preiswerten Pensionen und kurzen Wegen zum Strand. Empfehlenswert ist das INSIDER TIPP *Viverde Hotel Loryma (80 Ap. | Kaygıseki Caddesi | 92. Sok. 1 –15 | Tel. 0252 4767220 | www.loryma.com | €€€)*, ein anspruchsvolles Öko-Aparthotel hoch über Turunç, mit tollem Blick, Pool, hausgemachtem Essen, Kinderbetreuung und Shuttlebus zum Strand.

Bootsbau mit Schaueffekt: Bau eines traditionellen Gulets in Bozburun

ANTALYA – LYKISCHE KÜSTE

Von Fethiye bis Antalya erstreckt sich die antike Küste der Lykier. Es scheint, als drängten die Berge ins Meer. Aus 3000 m Höhe fallen die Hänge des Taurus steil zum Wasser ab, der Küstenstreifen ist deshalb oft schmal und zerklüftet. Der Kontrast zwischen den grünen Berghängen und dem tiefblauen Meer ist das Besondere an diesem Teil der Küste.

An manchen Stellen ist die Straße nicht mehr als eine in den Berg gehauene Trasse, an der einen Seite der Abgrund zum Meer, an der anderen der steile Berghang. Wo es dann doch zu eng wurde, hat man die Küstenstraße ins Hinterland verlegt und gut ausgebaut, sodass die Strecke relativ leicht zu befahren ist.

Die lykische Küste ist ein Ziel für Reisende, die das Besondere lieben und nicht nur einen Badeurlaub wollen. Kurz hinter Fethiye Richtung Antalya liegen die historischen Zentren des alten Lykien. Man kann Touren zu antiken Heiligtümern unternehmen, zu versunkenen Städten vor der Küste abtauchen oder nachts die ewigen Flammen am Berg Olympos bewundern. Auch Strandurlauber finden hier ihr Traumhotel. Auf den letzten 100 km vor Antalya sind rund um das ehemalige Fischerdorf Kemer Ferienanlagen entstanden, die zu den besten der Türkei gehören. Sonne, Meer und Spaß sind die Magneten, die jährlich Millionen von Urlaubern hierher locken. Und: Mit ihren abgelegenen Fischerdörfern und kleinen, vom Massentourismus verschonten Orten ist die lykische Küste ideal für einen romantischen Urlaub zu zweit.

 Bild: Blick über die Altstadt von Antalya

Buchten, Berge, beeindruckende Felsengräber der Lykier und Antalya, die lebhafte Metropole der Südküste

ANTALYA

KARTE IM HINTEREN UMSCHLAG
(135 F3) (*K5–6*) **Antalya (Großraum 2,1 Mio. Ew.) ist mehr als nur der größte Verkehrs- und Güterumschlagplatz an der Südküste. Es ist eine der schönsten Städte der Türkei, aber auch eine wirtschaftliche Boomtown.**
Doch deren Herz ist intakt. Die Altstadt *Kaleiçi* („Innere Festung") ist ein Kleinod: eines der größten Ensembles osma-

CITY **WOHIN ZUERST?**
Saat Kulesi: Das Zentrum ist der Platz am Uhrenturm oberhalb des „Geriffelten Minaretts". Von hier aus läuft man in die verwinkelten Gassen der Altstadt (Kaleiçi) hinunter oder in den nahen Basar. Am Uhrenturm fahren auch die Busse und Sammeltaxen zu den Stadtstränden ab. Auch der schöne Atatürk-Park am Meer ist nicht weit.

nischer Holzhäuser, das die Türkei zu bieten hat. Die Altstadt wird immer noch von einer Stadtmauer eingefasst. Der berühmteste Zugang nach Kaleiçi ist das fast 2000 Jahre alte *Hadrianstor*, gebaut anlässlich eines Besuchs des gleichnamigen römischen Kaisers um 160 n. Chr.

In der Altstadt selbst steht das zweite Wahrzeichen der Stadt, das 38 m hohe *Yivli Minare*, das „Gerillte Minarett". Es gehört zu einer von dem seldschukischen Herrscher Alaeddin Keykubat (1219–36) aus einer byzantinischen Kirche umgebauten Moschee. Neben dem Turm steht die *Ulu Camii*, eine 1373 erbaute, in ihrer Schlichtheit beeindruckende Moschee. Der *Uhrturm* oberhalb des Minaretts, ein weiteres Wahrzeichen, ist bereits Ausdruck der modernen Stadt des 19. Jhs. Vom Turm führt die *Uzun Çarşı Sokak*, eine der größten Gassen, durch die Altstadt an Souvenirläden vorbei zum Hafen. Vom Uhrturm aus nach rechts (in Blickrichtung auf die Altstadt) beginnt die *Cumhuriyet Caddesi*, eine palmengesäumte Promenade, die in westlicher Richtung die Altstadt begrenzt. An der Promenade liegen schöne Teegärten und kleine Parks, von wo aus man einen phantastischen Blick auf Kaleiçi und den Hafen hat. Für den Abend finden sich hier auch etliche Restaurants, die allein schon wegen ihrer Aussicht empfehlenswert sind.

Gute Adresse in der Altstadt von Antalya – das Restaurant Alp Paşa Konaği

Gegenüber dem Uhrturm beginnen der *Basar* und eine Fußgängerzone, in deren Seitengassen etliche preiswerte Speiselokale gutes Essen anbieten. Vom Turm in östliche Richtung verläuft die *Atatürk Caddesi* ebenfalls immer an der Altstadtmauer entlang bis zum Stadtpark, der an den Steilklippen zum Meer hinab endet. Die Atatürk Caddesi ist Antalyas Einkaufsmeile; von teuren Boutiquen bis zu Secondhand-Mode ist hier so ziemlich alles vertreten.

Städtische Bibliotheken Dresden
Zentralbibliothek
Tel.: 0351/8648233

Bitte prüfen Sie den Zustand Ihrer entliehenen Medien vor der Ausleihe und melden Sie uns eventuelle Schäden sofort, sonst sind Sie laut Benutzungsordnung zu Schadensersatz verpflichtet.

******80312 22.10.2025 16:09

Ausleihe	Leihfristende
013459953	22.11.2025
Bussmann, Michael, Türkische Rivi	
035527665	22.11.2025
Zaptç\u0131o\u011flu, Dilek ¬[Verf	

Jetzt entliehen: 2
Gesamt entliehen: 5

Öffnungszeiten:
Montag - Samstag 10 - 19 Uhr

SEHENSWERTES

ARKEOLOJI MÜZESI (ARCHÄOLOGISCHES MUSEUM) ★ ●

Das Archäologische Museum in Antalya gehört zu einem der wichtigsten der Türkei. Neben prähistorischen Funden u. a. aus der nahe gelegenen Karain-Höhle glänzt das Museum durch Originalstatuen aus den umliegenden antiken Stätten, durch Gold- und Silberschmuck, Waffen und Gewänder. *Konyaaltı Cad. 88 | April–Okt. tgl. 9–19, Nov.–März Di–So 8–17 Uhr | Eintritt ca. 7 Euro*

KALEIÇI (ALTSTADT) ★ ●

Sobald man aus der modernen Großstadt in das Gassengewirr eintaucht, glaubt man sich in ein anderes Jahrhundert versetzt. Die labyrinthartigen Gässchen sind oft so eng, dass Autos hier nicht fahren können. Viele der ehemals großen Stadtvillen wurden vor dem Verfall gerettet und sind heute zu bezaubernden kleinen Hotels umgewandelt. So verwirrend das Gassengewirr zunächst scheint, alle Wege führen zum Hafen. Rund um den Hafen reiht sich ein Lokal ans andere; über Treppen erreicht man dazu noch ein paar Biergärten mit schönem Blick über die Schiffe. In der Kocatepe Sokak 25, unweit des Hadrianstors, wurde in einem der alten Herrschaftshäuser, den sogenannten *Konaks*, ein INSIDER TIPP *Ethnographisches Museum (tgl. 9–12, 13–17 Uhr | Eintritt ca. 1 Euro)* eingerichtet, in dem u. a. das Leben einer typischen Familie des Viertels nachvollzogen werden kann.

ESSEN & TRINKEN

INSIDER TIPP ALP PAŞA KONAĞI

Es ist etwas Besonderes, im Innenhof des schönen Stadthauses am Pool zu Klavierklängen vom Büfett zu schlemmen. *Kaleiçi | Hesapçı Sok. 30–32 | Tel. 0242 2 47 56 76 | www.alppasa.com* | €€€

EXTRABLATT

Ableger der deutschen Kaffeehauskette: deutsche und italienische Küche in Bis-

MARCO POLO HIGHLIGHTS

★ Arkeoloji Müzesi
Archäologisches Museum u. a. mit Götterstatuen aus Perge → S. 53

★ Kaleiçi (Altstadt)
Die osmanische Altstadt mit Restaurants und Läden umrahmt Antalyas Hafen → S. 53

★ Perge
Antike Hafenstadt mit Marktstraße und großem Stadion → S. 57

★ Termessos
Uneinnehmbare lykische Bergfestung mit Theater in 1000 m Höhe → S. 58

★ Patara
Unter dem schönen Strand liegt eine römische Hafenstadt → S. 60

★ Xanthos
Besuch in der Hauptstadt des einstigen lykischen Reiches bei Kınık → S. 61

★ Kekova
Eine im glasklaren Wasser versunkene Stadt in der Bucht vor Kekova → S. 65

★ Myra
In der Heimat des hl. Nikolaus liegen schöne Felsgräber der Lykier → S. 66

★ Phaselis
Zauberhafte antike Stätte mit Badestrand, Theater und Pinienwald bei Kemer → S. 69

troambiente; große Terrasse. Ganz Antalya trifft sich hier. *İsmet Gökşen Cad. 10 / Lider Plaza / Tel. 0242 3 16 60 07 / www.cafe-extrablatt.com / €€*

Auslage eines Teppichhändlers in der Altstadt

HACI HASAN

Tageslokal mit guter türkischer Küche, abseits des Touristenpfads hinter dem Basar. *Balbey Mah. / 444. Sok. 10 / (in der Nähe der Balbey-Moschee) / Tel. 0242 2 42 55 82 / €*

INSIDER TIPP 7 MEHMET

Auf seiner Stirn ist ein Narbe, die aussieht wie eine Sieben. Deshalb wird der Wirt seit seiner frühen Schulzeit von allen nur „7 Mehmet" genannt. Angefangen hat Mehmet damals als Suppenkoch im Basar. Heute führt er eines der besten Restaurants von Antalya mit herrlicher Aussicht und feiner türkisch-osmanischer Küche. *Atatürk Kültür Park 201 / Tel. 0242 2 38 52 00 / www.7mehmet.com / €€–€€€*

EINKAUFEN

Unter dem Dach riesiger Einkaufszentren wie *Migros (www.antalyamigros.com)* mit 128 Läden im gleichnamigen Stadtteil oder *Terracity (Tekelioglu Cad. 55 / www.terracity.com.tr)* in Lara gibt es von Textilien, Leder und Juwelen bis zu Souvenirs fast alles, was das Herz von Shopping Victims begehrt. Das traditionellere Einkaufsviertel ist *Konyaaltı*. Viele kleine Souvenirgeschäfte und Teppichhändler finden Sie in *Kaleiçi*, der Altstadt. Lohnende Wochenmärkte: zwischen *Ali Çetinkaya* und *Mevlana Caddesi (Di)*, in der *Işıklar Caddesi (Mi)*, um *Konyaaltı* herum *(Fr)* und in *Lara (Sa)*. Eine kunsthandwerkliche Spezialität Antalyas sind die Döşemealtı (sprich Döschemealti) genannten Nomadenteppiche. Im Dorf INSIDER TIPP *Kovanlik (35 km / Minibus vom Busbahnhof)* kann man diese handgeknüpften, naturgefärbten Teppiche am preiswertesten erwerben.

BAZAAR 54

Großes Einkaufszentrum, hauptsächlich für Touristen: Teppiche, Juwelen, Lederprodukte; gute Qualität und nicht überteuert. Etwas außerhalb gelegen, in Serik. *Aspendos Bulvarı, Demokrasi Kavşaği / Serik*

DERIMOD

Die beste türkische Marke für Lederkleidung *(www.derimod.com.tr)* ist nicht allzu teuer. *Im Migros-Einkaufszentrum / Yüzüncü Yıl Bulvarı 155*

GÜVEN

Gold- oder Silberschmuck ist in Antalya billiger als in Touristenorten. Juweliere gibt es u. a. im Norden der Atatürk-Allee, z. B. Juwelier Güven. Der Goldpreis wird täglich ausgehängt. *Atatürk Cad. 25*

NETWORK/ALTINYILDIZ

Feine Stoffe mit klassischem Design zeichnen diese Ladenkette für Damen- und Herrenmode aus. *Konyaaltı Cad. 24/2 | www.network.com.tr*

INSIDER TIPP PAŞABAHÇE

Die staatliche Glas- und Porzellanfabrik bietet hohe Qualitat zu kleinen Preisen. Alltagsgeschirr, hochwertiges Porzellan, modernes Glasdesign, Importprodukte, aber auch teure Repliken altosmanischer Stücke. Die Ware wird fachgerecht verpackt. *Im Einkauszentrum Carrefour (gegenüber der Lider Plaza) | Şirinyalı Mah. | İsmet Gökşen Caddesi*

STRÄNDE

Antalya hat zwei Strände in Stadtnähe, Lara und Konyaaltı. Von der Atatürk-Allee starten Busse zum 10 km entfernten *Lara* mit feinem Sand. Hier ist in den letzten Jahren ein neuer Hotelbezirk entstanden, in dem Themenhotels wie „Titanic", „Kreml" oder „Weißes Haus" herausragen. Der *Konyaaltı*-Strand liegt im Westen, zwischen den Klippen und dem Beydağlari-Gebirge im Hintergrund. Der Zutritt zum Kieselstrand ist frei, Schirme und Liegen sind kostenpflichtig. Achtung: Das Meer wird schnell tief hier! Von der Altstadt *(Kaleiçi)* starten morgens Boote zu den Stränden. Direkt in der Altstadt liegt der kleine ● *Mermerli*-Strand – schön zur Erfrischung nach einem Stadtbummel. Zum ausgiebigen Baden lässt man sich aber am besten mit dem Boot zur *Sıçan-Insel* übersetzen.

FREIZEIT & SPORT

Von Antalya aus werden Touren zu allen Zielen in der Umgebung angeboten, dazu Jeepsafaris in die Taurusberge oder Rafting auf dem Köprüçay-Fluss. Selbst Hubschrauber-Touren nach Pamukkale (siehe Marco Polo Band „Türkische Westküste") oder nach Kappadokien sind nur eine Preisfrage; u. a. *Antalya 4x4 Tours (Kaleiçi | Tel. 0242 2 43 69 50 | www.antalya4x4tours.com)*.

Direkt am Hafen liegt die *Rainbow-Tauchschule (Kaleiçi | Yat Limanı 30 | Tel. 0242 2 48 12 57 | www.apdivers.de)*, die Kurse und Exkursionen für erfahrene Taucher anbietet. Reizvoll sind Tauchgänge zu einem Schiffswrack und zu Unterwasserhöhlen. Mitten in der Altstadt liegt der historische ● INSIDER TIPP *Sefa Hamamı (tgl. 9–23 Uhr | Badegang mit Massage ca. 10 Euro | Kocatepe Sok. 32 | Tel. 0242 2 41 23 21 | www.sefahamam.com)* aus dem 15. Jh. Das türkische Bad ist schön restauriert und bietet allen Service: Massagen und Dampfbäder für Damen und Herren separat.

AM ABEND

Antalya verbindet die Vorzüge einer Großstadt mit dem Angebot eines Touristenortes. Es gibt mehrere Theater und Kinos (z. B. im Migros-Einkaufszentrum). Ende September findet alljährlich das Filmfestival *Altın Portakal* („Goldene Apfelsine", *www.altinportakal.org.tr*) statt. Neben den Kneipen am Hafen gibt es in der Altstadt noch Diskotheken, die schönste davon ist *Ally's (Sur Sok. 4/8 | www.ally.com.tr)* mit Openair-Tanzfläche. Beliebt ist auch der schicke Club *Arma (Iskele Cad. 75 | www.clubarma.com.tr)*. Wer's ruhiger mag, geht in die *Kale Bar (Mermerli Sok. 2)* mit Panoramablick auf die Marina.

ÜBERNACHTEN

KALEICI PANSIYON

Kleine, attraktive Pension mitten im Zentrum, von der aus die Sehenswürdigkeiten zu Fuß erreichbar sind. Klimaanlage, schöner Garten mit Pool. *10 Zi. | Kılıçaslan Mah. | Sakarya Sok. 11 | Tel. 0242 2410188 | www.kaleicipansion.com* | €

THE MARMARA ANTALYA

Das Besondere an diesem Fünfsterne-Hotel etwas abseits vom Zentrum in Lara ist seine tolle Lage über den Felsen. Pool, großer Außenbereich, Spa, Sauna. *232 Zi. | Muratpaşa | Eski Lara Yolu 102 | Tel. 0242 2493600 | www.themarmarahotels.com* | €€€

PUDING MARINA RESIDENCE

Schick, zentral und bequem: Acht Holzvillen in der Altstadt wurden aufwändig restauriert und in ein Boutiquehotel umgewandelt. Mit Pool, zwei Restaurants und einem gehobenen Spabereich. Der Mermerli-Strand liegt quasi vor der Tür. *60 Zi. | Mermerli Sok. 15 | Tel. 0242 2440730 | www.pudinghotels.com* | €€

TEKELI KONAKLARI

Boutiquehotel in der Altstadt. Sechs liebevoll restaurierte osmanische Stadtvillen: von den Kacheln bis zur Zedernholzdecke alles Handarbeit. *8 Zi. | Dizdar Hasan Sok. | Tel. 0242 2445465 | www.tekeli.com.tr* | €€

TUNALI APART

Schlichte, saubere Wohnungen für 4 Personen (Ausziehcouch für weitere 2 Pers.) mit TV, WLAN und Klimaanlage. Im Garten gibt es einen Pool, ein Restaurant und eine Poolbar. Zum Strand sind es 250 m. *16 Ap. | Akdeniz Bulvarı | Liman Mah. | 5. Sok. 2 | Tel. 0242 2590700* | €

AUSKUNFT

TURIZM DANIŞMA

Cumhuriyet Cad. | Özel İdare İşhanı | Tel. 0242 2411747 | www.antalya-ws.com

ZIELE IN DER UMGEBUNG

DÜDEN-WASSERFÄLLE ●

(135 F3) *(🕮 K5)*

Der Düden-Fluss bildet in der unmittelbaren Umgebung von Antalya gleich zwei Wasserfälle, die beide einen Ausflug lohnen. Der erste liegt nordöstlich vom Stadtzentrum, dort wo der Fluss aus dem Taurusgebirge kommt. Der zweite Wasserfall ergießt sich über die Steilfelsen an der Küste direkt ins Meer. Obwohl der untere Wasserfall *(Aşağı Düden Şelalesi)*, ca. 8 km vom Stadtzentrum an der Straße zum Lara-Strand, spektakulärer ist – das Wasser stürzt aus 60 m Höhe ins Meer –, ist auch der obere Wasserfall reizvoll. Drumherum wurde ein schöner Park angelegt, der zu einem Spaziergang einlädt. Über eine Treppe gelangt man in eine Höhle hinter den Wasserfall. Im Juli und August verkümmert er jedoch häufig zu einem schmalen Rinnsal, weil das Düden-Wasser für die Bewässerung der Baumwollfelder abgezweigt wird. *Die Ausfallstraße nach Norden (Abzweig Düden Şelalesi) ist ausgeschildert | Minibusse vom Busbahnhof*

INSIDER TIPP ELMALI (134 C4) *(🕮 H6)*

Um Antalya herum sind die riesigen Wälder nicht erst in der Neuzeit, sondern bereits durch die Jahrtausende hindurch von all jenen Zivilisationen vernichtet worden, für die Holz ein wertvolles Handelsgut war – besondern das harte Zedernholz, das für Schiffsrümpfe unentbehrlich geblieben ist. Im Naturschutzgebiet Elmalı gibt es noch mehrere Dutzend über 1000 Jahre alter Bäu-

Auf den Spuren von Griechen und Römern: Ruinenstätte Perge

me, die alle unter Schutz stehen, z. B. der 25 m hohe und über 2000 Jahre alte *Koca Katran.* Der Naturpark liegt ca. 165 km von Antalya und 16 km von der Kleinstadt Elmalı entfernt in den Bergen. Ein lokaler Guide ist empfehlenswert, um die Bäume ausfindig zu machen *(Serdar Çakar: Handy 0532 4575239; Förster: Tel. 0242 6182501).* Im Dorf *Akçaeniş* gibt es eine Übernachtungsmöglichkeit, das *Hotel Three Angels (Tel. 0242 6255059 | €€)*, um die Wanderungen in der Umgebung fortzusetzen.

PERGE ★ (135 F3) *(🕮 K5)*

Perge (18 km östlich von Antalya) gehörte zu den größten antiken griechischen Städten an der Südküste Anatoliens. Beim Rundgang durch das Ausgrabungsgebiet kann man sich vorstellen, welche Ausdehnung die Siedlung einmal gehabt haben muss. Über eine riesige Fläche verstreut liegen Reste antiker Bauten, die immer noch auf ihre Klassifizierung warten. Ein großer Teil der antiken Stadt ist gut erhalten. Vor allem das *Stadion*, gleich an der Zufahrtsstraße zum Parkplatz, ist das am besten erhaltene in der ganzen Türkei. Zu römischen Zeiten wurden hier auch Gladiatorenkämpfe veranstaltet. Sehr schön ist der frühere Markt, die *Agora*. Man kann heute noch die Grundrisse der Läden entlang der Hauptstraße deutlich erkennen. Das Artemis-Relief auf einer der Säulen links an der Hauptallee soll als Vorlage für die New Yorker Freiheitsstatue von Bartholdi gedient haben, der das Werk ursprünglich für die Einfahrt des Suez-Kanals geschaffen hatte. Der Khedive, d. h. der Statthalter des osmanischen Sultans in Ägypten, Ismail Pascha, scheute aber den Vorwurf der Götzenanbeterei und ließ die Statue schließlich doch nicht dort aufstellen. Das Kunstwerk lagerte eine Zeitlang in Paris und wurde schließlich in 350 Eintelteilen nach Amerika verschifft und 1885 dort wieder zusammengestellt.

Wenn möglich sollten Sie Perge besuchen, wenn es nicht zu heiß ist, da es in dem weitläufigen Gelände kaum Schatten gibt. *Tgl. 9–19 (Nov.–März 8–17) Uhr | Eintritt ca. 7 Euro | Richtung Alanya bis Aksu, von dort 3 km (ausgeschildert) | Sammelbusse vom Busbahnhof Antalya*

TERMESSOS ★ (135 E3) *(J5)*
Nördlich von Antalya, hoch in den Bergen des Taurus, liegt eine der beeindruckendsten antiken Stätten der Türkei: In über 1000 m Höhe, mitten in einer grandiosen Berglandschaft, liegt Termessos wie ein Adlerhorst am Berghang. Es ist die einzige lykische Stadt, die von Alexander dem Großen nicht erobert werden konnte. Bis heute sind Teile der ehemaligen Stadtmauer erhalten, aber auch Reste von Tempeln und ein am Berghang gebautes *Theater*, von dem aus man einen wunderbaren Blick auf die Berge und Wälder der Umgebung hat. Es ist allerdings bis heute nicht ganz leicht, Termessos zu erreichen. Die Ausgrabungsstätte liegt in einem Nationalpark, und das Sammeltaxi *(Dolmuș)* von Antalya fährt nur bis zum Eingang des Parks. Hier kann man sich in einem kleinen *Museum* vorab über die antike Stätte informieren. Für Kinder gibt es ausgestopfte Tiere zu bestaunen und Baumhütten zu besteigen. Mit dem eigenen Auto oder einem Taxi darf man die folgenden 9 km auf steil ansteigender Straße weiterfahren bis zum Parkplatz, von dem aus dann immer noch ein gut 20-min. Fußweg zu bewältigen ist. *Tgl. 8–18 Uhr | Eintritt ca. 2 Euro | 35 km Richtung Korkuteli | im Güllük-Dağı-Nationalpark*

KALKAN

(134 B6) *(F7)* **Das früher griechische Fischerdorf Kalamaki wird heute von deutschen Türkei-Kennern gern als das „Sylt am Mittelmeer" bezeichnet.**
Kalkan (4000 Ew.) ist klein, exklusiv, ein architektonisches Juwel und war lange ein Refugium der türkischen Oberschicht, der Bodrum, Marmaris oder Antalya im Lauf der Zeit zu voll geworden waren. Während Alanya fest in deutscher Hand ist, dominieren hier die Engländer, die sich vielerorts Ferienwohnungen und -häuser gekauft haben. Weiß gekalkte Häuser und Terrassen prägen das Panorama des Ortes am Hang. Die Preise sind insgesamt etwas höher als anderswo, aber die feine Atmosphäre entschädigt. Das Meer ist hier, wie auch im benachbarten *Kaş*, etwas steinig. Aber dafür ist es so sauber, dass man jeden Stein darin zählen kann. Und mit *Kaputaş* und *Patara* sind große Sandstrände nicht weit. Außerdem ist Kalkan ein guter Standort, um wichtige antike Stätten der Lykier wie *Xanthos* und *Letoon* zu besuchen und einen Ausflug zur griechischen Insel *Kastellórizo (s. S. 64)* zu machen.

ESSEN & TRINKEN

INSIDER TIPP AUBERGINE
Das Restaurant an der Hafenmole wird seit 1996 von Mehmet Bilgiç geführt und gilt unter Feinschmeckern als eines der besten an der südlichen Küste. Neben Fisch gibt's auch Wildbret und Auberginen-*Güvec* (Gemüseeintopf aus dem Tontopf). *Yalıboyu Mah. | Hafenmole Nr. 25–27 | Tel. 0242 8 44 33 32 | www.kalkanaubergine.com |* €€€

CAFÉ DEL MAR
Der Familienbetrieb ist eines der beliebtesten Kaffeehäuser am Ort. Es gibt neben hausgemachtem Kuchen und kleinen Snacks wie Toast oder Hamburgern gute Cocktails. Kostenloses WLAN und Buchtausch. *Yalıboyu Mah. | Hasan Al-*

tan Cad. 61 | Tel. 0242 8 44 10 68 | www.cafedelmarkalkan.com | €

KORSAN FISH TERRACE

Herrlicher Meerblick und frischer Fisch – das beliebte Restaurant bietet auch Fleisch- und Gemüsegerichte. An mehreren Abenden (häufig Sa) gibt es jazzige Livemusik. *Atatürk Cad. | Tel. 0242 8 44 30 76 | www.korsankalkan.com* | €€

STRÄNDE

Kalkan selbst hat nur einen Kieselstrand am östlichen Ortsrand zu bieten. Ein schöner Platz ist der 8 km entfernte *Kaputaş Plajı*. Reizvoll ist eine Tagestour mit dem Boot vom Hafen in Kalkan aus, bei der Sie sowohl zum Baden als auch zur Besichtigung von Grotten und bizarren Felsen kommen. Ca. 10 km westlich liegt der wunderschöne Sandstrand von *Patara*, 18 km lang und stellenweise bis zu 300 m breit. Von Kalkan verkehren Minibusse nach Patara.

AM ABEND

In Kalkan bleibt man abends meist bis spät in der Nacht im Restaurant. Viele Hotels haben schöne Terrassenbars, die man nacheinander ausprobieren kann. Weitere Kneipen gibt es am Hafen *(Yalı, Yachtpoint Bar, Fener Café)*, alle in der Hafenpromenade Yalıboyu oder in der Iskele Sokak.

ÜBERNACHTEN

MOONLIGHT PENSION

Tolle Hanglage, Superblick: Die einfache und saubere Pension liegt so traumhaft, dass man am liebsten den ganzen Tag auf der Terrasse sitzen möchte. Helle Zimmer, WLAN. *6 Zi. | Kalamar Yolu 9 | Tel. 0242 8 44 39 79 | www.moonlightterrace.com* | €

PAPERMOON HOTEL & APARTMENTS

Das zentrale, saubere Mittelklassehotel mit Pool und Meerblick bietet 8 Zim-

Gilt als der schönste Strand rund um Kalkan: Kaputaş Plajı

Wandern im Cañon von Saklıkent

mer, zwei Garten- und eine Terrassenwohnung sowie ein 2-Zi.-Apartment. Die Einheiten sind klimatisiert, in der Terrassenbar sitzt man angenehm. *Cumhuriyet Cad. 63 | Tel. 0242 8 44 34 31 | www.papermoonhotel.com | €€*

INSIDER TIPP VILLA MAHAL

Weiß-blaue Villa hoch über Kalkan, luxuriös eingerichtet, mit eigenem Strand, eine der exklusivsten Adressen im Ort; teuer, aber wunderschön! *11 Zi., 2 Sui. | gegenüber dem Club Patara | Tel. 0242 8 44 32 68 | www.villamahal.com | €€€*

ZIELE IN DER UMGEBUNG

LETOON (KUMLUOVA)

(134 A5–6) *(🕮 F7)*

Letoon war das sakrale Zentrum des Griechisch-Lykischen Bundes. Hier standen die wichtigen Tempel der Göttin Leto und deren Kinder Apollon und Artemis. Wahrscheinlich war der Platz bereits eine Kultstätte der Lykier, bevor diese nach der Eroberung durch Alexander den Großen unter griechischen Einfluss kamen.

Von dem ehemals größten Tempel der Leto, der *Stoa-Halle*, sind heute nur noch die Stümpfe der Säulen zu sehen, die wie die Reste einer im Wasser versunkenen Stadt aussehen, weil der Grundwasserspiegel mittlerweile so weit gestiegen ist, dass die Fundamente der Halle im Wasser verschwunden sind. Etwas höher gelegen sind die Überreste dreier Tempel: das *Heiligtum der Leto*, der ehemalige *Apollo-Tempel* und dazwischen ein kleinerer *Bau zu Ehren von Artemis*. Die Tempel stammen aus der Zeit um 400–150 v. Chr. Außer den Tempeln und der Halle findet man in Letoon noch Zeugnisse aus römischer und byzantinischer Zeit, u. a. ein Theater und eine Basilika. *Eintritt 2 Euro | Abzweig von der Straße nach Fethiye 2 km hinter dem Dorf Kınık, weitere 4 km zum Heiligtum*

PATARA ★ (134 A6) *(🕮 F7)*

Patara an der Mündung des Bachs Eşen war einst eine jener sechs mächtigen lykischen Metropolen, die im Bund jeweils drei Stimmrechte besaßen (Xanthos, Patara, Pinara, Tlos, Myra und Olympos). Das lykische „Parlament" bestand aus 1400 Abgeordneten und trat in Patara zusammen. Vor ihrer Verlandung im 9. Jh. lag die Hafenstadt ca. 30 m höher als heute. Jetzt liegt die Ausgrabungsstätte 600 m landeinwärts. Apollon, Gott der Reinheit und Mäßigung, der Weissagung, der Künste, der Musik, der Dichtkunst und des Gesangs, soll seine Winter hier an den kilometerlangen Stränden verbracht haben. Das Heiligtum in Delphi (Griechenland), die bedeutendste Orakelstätte der Antike, war ihm geweiht

(www.patara-excavations.com, www.lyc ianturkey.com).
Heute ist vom alten Glanz leider nicht mehr viel zu sehen. Das *Stadttor* aus dem Jahr 100 n. Chr. und das *Theater* am Nordhang sind die am besten erhaltenen Relikte. Der Hafen ist versumpft, und der größte Teil der Stadt ist unter dem Strand verschwunden. Stattdessen ist aus der ehemals größten Hafenstadt nun der größte und schönste Sandstrand (300 m breit, 18 km lang) entlang der lykischen Küste geworden. Unweit vom Dorf *Gelemiş* ist das kleine, ruhige Hotel INSIDER TIPP *Patara View Point (15 Zi., 6 Villen mit eigenem Pool | Tel. 0242 8 43 52 57 | www.pataraviewpoint.com | €€)* am herrlichen Sandstrand ein Stück Paradies. Der riesige Strand ist nach wie vor ein Refugium für alle, die mit dem Meer und den Dünen allein sein wollen. *Von Kalkan ca. 10 km | der Zugang zum Strand ist kostenpflichtig, weil es gleichzeitig der Eingang zu der antiken Stätte Patara ist | Eintritt ca. 5 Euro*

SAKLIKENT (134 B5) *(🕮 F7)*
Die berühmte Schlucht von Saklıkent ist ein tief in den Berg hineingefressener Canyon, durch den ein eiskalter Gebirgsbach fließt. Man kann in der engen Schlucht am Wasser entlanglaufen und erreicht zum Schluss einen Talkessel, in den ein kleines Restaurant über den Fluss gebaut wurde. Die Schlucht ist selbst im Hochsommer immer angenehm kühl und deshalb eine höchst willkommene Abwechslung nach heißen Tagen am Strand. *Eintritt 3 Euro | auf der Strecke nach Fethiye biegt hinter Pınara eine ausgeschilderte Straße nach rechts ab, ca. 35 km von Kalkan*

XANTHOS ★ (134 A5) *(🕮 F7)*
Xanthos ist der Höhepunkt auf dem Weg in die lykische Vergangenheit. Die ehemalige Hauptstadt des lykischen Reichs ist ein imposantes Zeugnis antiker Kultur, auch wenn die schönsten Stücke im 19. Jh. von englischen Ausgräbern im Zuge eines „legalen Kunstraubs" nach London geschafft wurden. So ist das berühmte Neriden-Monument jetzt im British Museum zu besichtigen. Heute erreicht man die antike Stadt beim Ort Kınık durch ein Tor aus griechischer Zeit und einen römischen Triumphbogen, der zu Ehren des Kaisers Vespasian (Reg.

LOW BUDG€T

In der *Pension Bacchus (14 Zi. | Kılıçaslan Mah. | Zeytin Çıkmazi Sok. 6 | Tel. 0242 2 41 69 41 | www.bacchuspension.com)* in der Altstadt von Antalya übernachtet man ab 13 Euro; einfach eingerichtet, aber nur 50 m zum Meer (ohne Strand).

Frischen Fisch gibt's auf dem Fischmarkt von Antalya. Jeder Stand hat hinten sein eigenes Esslokal. Bei *Kismet Balik Sofrasi (tgl. 12–21 Uhr | Halk Pazari)* kosten ein Fischbrot 2 und ein Teller Kalamares 4 Euro.

Blaue Reisen mit Charteryachten sind in der Off-Saison erheblich billiger. *Olympos Yachting (www.olymposyachting.com)* bietet in der Bucht von Kaş 3-tägige Segeltouren ab 140 Euro/Person (16. Mai–30. Juni und 16. Sept.–16. Nov.).

In Kalkan ist donnerstags, in Kaş freitags Wochenmarkt. Neben Obst und Gemüse gibt es Käse und Kräuter der Region, aber auch schöne Handarbeiten und Stoffe billig zu kaufen.

69–79 n. Chr.) gebaut wurde. Von den Lykiern sind vor allem Gräber geblieben, große Sarkophage, die teilweise bereits im 5. Jh. v. Chr. gebaut wurden. Das beeindruckendste ist das *Harpyien-Monument*, dessen Relieffries Szenen von Sirenen (vogelartigen Geistern) zeigt, die nach lykischem Glauben die Seelen der Verstorbenen versorgten. Während oberhalb des Flusses Eşen, der im Altertum Xanthos hieß, rund um das Theater die lykischen Gräber und die Reste der Akropolis zu sehen sind, liegen rechts von der Straße die römischen und byzantinischen Gebäude. *Tgl. 9–19 Uhr | Eintritt 3,50 Euro | auf der Straße nach Fethiye nach ca. 15 km Abzweig am Dorf Kınık*

KAŞ

(134 B6) *(🕮 G7–8)* **Der Ort Kaş in einer großen Bucht tief unterhalb der Küstenstraße ist bis heute Hauptanziehungspunkt für Individualreisende und Taucher an der türkischen Mittelmeerküste.** Kaş (7500 Ew.) ist zwar größer als Kalkan, hat aber fast keine Sandstrände und ist deshalb von großen Hotels verschont geblieben. In dem verschlafenen, einst griechischen Dorf sind immer noch viele alte Häuser erhalten. Dass Kaş auch schon vor mehr als 2000 Jahren besiedelt war, zeigen lykische Grabsarkophage im Ort. Etwas außerhalb liegt ein gut erhaltenes griechisches Theater.

Kaş lebt von seiner ungezwungenen, kosmopolitischen Atmosphäre, dem jugendlichen Touch und den vielen Kneipen. Zum Baden haben einige Restaurants am Wasser Holzplattformen aufgebaut. Für klassische Badeurlauber empfiehlt sich jedoch eher ein Quartier auf der *Çukurbağ*-Halbinsel, wo viele Ferienanlagen gebaut wurden. Kaş gilt als das beste Tauchrevier der Türkei. In den Buchten

Restaurants und Läden in der freundlichen Altstadt von Kaş

rundum liegen Reste lykischer Siedlungen unter Wasser, die in Tauchgängen erkundet werden können. Vom Hafen aus starten Boote für Tauchexkursionen und Ausflugsboote zur Insel *Kekova* oder der Kaş vorgelagerten griechischen Insel *Kastellórizo* (türk. *Meis*).

ESSEN & TRINKEN

BAHÇE RESTAURANT

Das Fischrestaurant im Garten bietet schmackhafte Speisen wie gegrillten Oktopus, mit Spinat und Shrimps gefüllte Kalamares und Schwertfisch am Spieß. Unter den Vorspeisen gibt es gute Gemüsegerichte. Auch Liebhaber von Hackfleischbällchen *(köfte)* kommen auf ihre Kosten. *Uzun Çarşı Cad. | Ilkokul Sok. 31 | Tel. 0242 8 36 23 70* | €€

DUDE'S PUB & BISTRO

Klein, aber fein: Man kommt hierher, um nett zu sitzen und dabei zu plaudern, einen guten Hamburger, Miesmuscheln mit Reis oder eine Crème brûlée zu essen und Leute kennenzulernen. Sehr empfehlenswert! *Öztürk Sok. | Tel. 0242 8 36 12 73* | €€

OBA

In dem kleinen *lokanta* nahe der Post können Sie gute türkische Hausmannskost genießen: leckere Suppen, Reis- und Gemüsegerichte. Netter Garten. *Çukurbağlı Cad. 8* | €

SULTAN GARDEN

Direkt am Yachthafen, mit herrlichem Blick auf denselben. Das Restaurant ist berühmt für seine Fleischgerichte und die köstlichen Vorspeisen wie *paçanga böreği* (Schinkenpastete). *Yat Limanı | Hükümet Cad. 1 | gegenüber der Küstenwache | Tel. 0242 8 36 37 62 | www.sultangardenrestaurant.com* | €€

Mit etwas Glück kann man vor Kaş Mönchsrobben beobachten

STRÄNDE

Der nächste Strand, *Küçük Çakıl Plajı*, liegt in östlicher Richtung und ist gut zu Fuß zu erreichen. Mit dem Boot können Sie auch zum *Liman Ağzı* fahren. Reizvoll sind Tagestouren nach *Patara* (43 km), zur *Kekova*-Insel (34 km, s. u.) und in umliegende Buchten.

FREIZEIT & SPORT

Es gibt rund 15 Tauchschulen im Ort. Eine der besten ist *Barakuda* (siehe Kapitel „Sport & Wellness"). Wenn Sie lieber trocken über Wasser bleiben, setzen Sie sich in eines der auch als „Sea-Kayak" bezeichneten geschlossenen Boote aus Fiberglas. Damit können Sie paddelnd das Ökosystem erkunden, versunkene Häuser und Grabmale besichtigen und mit etwas Glück unterwegs vielleicht sogar Robben begegnen. Das Reisebüro

Dragoman Doga Sporları (Uzunçarşı Cad. 15 | Tel. 0242 8 36 36 14 | www.dragoman-turkey.com) organisiert z. B. Fünftagestouren mit Übernachtung in Zelten. Im Hinterland von Finike bietet Bernhard Brunauer mit seiner Ehefrau Şükriye herrliche INSIDER TIPP Mountainbike-Touren inmitten von Thymianfeldern an. Das Paar betreibt zugleich in 243 m Höhe das schlichte, aber ordentliche Hotel *Arykandos Mountain Lodge (18 Zi. | Gökbük Köyü | Finike | Tel. 0242 8 62 30 59 | www.lykienbiker.de | auf der Landstraße Finike nach Elmalı 8 km vor Arifler links einbiegen und ca 1,5 km weiterfahren)*, ein Angebot des sanften, nachhaltigen Tourismus.

AM ABEND

Rund um den Hafen und die Antiquitätengasse gibt's viele nette Kneipen, wie *Giorgio's Bar* oder das *Hideaway*. *Hi-Jazz (Zümrüt Sok. 3)* ist *der* Jazzclub des Ortes. Zu Rock- und Soulklängen tanzen kann man sehr gut im *Red Point Club (Süleyman Topçu Sok. 2)*.

ÜBERNACHTEN

AQUARIUS

Das Hotel auf der Çukurbağ-Halbinsel hat den besten Privatstrand in Kaş, ausgezeichnet mit der Blauen Flagge der EU für hervorragende Wasserqualität. Wer will, kann auch im Pool baden. *36 Zi. | Çukurbağ Yarımadası | Tel. 0242 8 36 18 96 | www.aquariusotel.com* | €€

INSIDER TIPP KAŞ CAMPING

Eine gemütliche und preiswerte Alternative zu den Hotels im Zentrum: Unweit vom Ort (nur 1 km hinter dem Theater) hat der Campingplatz einen guten Zugang zum Meer. Auf 7000 m² bietet er auch denen, die kein eigenes Zelt mithaben, 60 Übernachtungsmöglichkeiten im Zelt, Wohnwagen oder Bungalow. *Hastane Cad. 3 | Tel. 0242 8 36 10 50 | www.kaskamping.com* | €

SEA VIEW

Der Panoramablick von der Terrasse ist umwerfend: Einen besseren Ort zum Frühstücken kann es nicht geben. Auch die eigene Sonnenterrasse am Meer ist eine ruhige Oase. Designmöbel, WLAN, freundliches Ambiente. Vor allem die großen Suiten sind sehr empfehlenswert! *19 Zi. | Hükümet Cad. 52 | Kücükcakil | Tel. 0242 8 36 10 14 | www.seaviewotel.com* | €€€

AUSKUNFT

TURIZM DANIŞMA

Cumhuriyet Meydanı 5 | Tel. 0242 8 36 12 38 | www.kas-tuerkei.de

ZIELE IN DER UMGEBUNG

KASTELLÓRIZO (MEIS)

(134 B6) *(G8)*

Nach ihrem griechischen Namen (Meyisti) auf Türkisch kurz Meis genannt, liegt die pittoreske Insel nur drei Seemeilen (ca. 1300 m) vor der Küste. Seit Ende 2006 haben Kaş und Meis eine Partnerschaft und veranstalten u. a. gemeinsame Schwimm- und Kayakwettbewerbe (Ende Juni). Der Ausflug zu der Dodekanes-Insel lohnt sich schon wegen der netten Seereise, und hübsche Tavernen gibt es dort auch. Die Fahrt dauert 20 Min. und kostet 20 Euro. Der Pass muß am Vorabend beim Zoll abgegeben werden. *Meis Express (Abfahrt in Kaş April–Okt. 10, Juli–Sept. auch 18 Uhr, Abfahrt Meis 15 und 23.10 Uhr, Nov.–März nur einmal tgl. 10.30 von Kaş und 13.30 Uhr von Meis | Ticket-Tel. 0242 8 36 17 25 | www.meisexpress.com)*

KEKOVA ★ (134 C6) (*H8*)

Eines der faszinierendsten Gebiete der ganzen Küste ist die Insel Kekova, östlich von Kaş, und der ihr gegenüberliegende Küstenstreifen. Die langgezogene Insel liegt wie ein Riegel vor einer großen Bucht, die dadurch so geschützt wird, dass sie fast wie ein Binnengewässer wirkt. Innerhalb dieser Bucht gibt es eine Vielzahl kleiner Inseln und Felsen, die zusammen ein eindrucksvolles Panorama bilden. Auf der dem Land zugewandten, nördlichen Seite von Kekova gab es im Altertum mehrere ● Siedlungen, die heute teilweise unter Wasser liegen, aber noch gut erhalten sind. Man steht bis zu den Knien im Wasser und schaut auf Wohnungsgrundrisse herab! Überall in der Bucht ragen lykische Sarkophage aus dem Wasser und verstärken den einmaligen Charakter des Ortes. Auf dem Festland gegenüber der Insel liegen zwei Orte: Üçağız und weiter östlich Kaleköy, von denen besonders Kaleköy zu einem Aufenthalt einlädt.

Kaleköy ist eines der ganz wenigen touristischen Glanzlichter, das bis heute noch nicht über eine autofähige Straße erreichbar ist. Man kommt nach Kaleköy, dem historischen Simena, nur mit dem Boot. Unterhalb der von den Johannitern aus Rhodos im Mittelalter erbauten Burg liegen Restaurants und Pensionen, die allerdings häufig ausgebucht sind. Nette Unterkunft: INSIDER TIPP *Kale Pension* (*7 Zi., 1 Ap. | Tel. 0242 8 74 21 11 | www.kalepansiyon.com | €€*).

In *Üçağız* gab es bis vor ein paar Jahren nicht viel mehr als ein paar Bootsstege, von wo aus man nach Kaleköy übersetzen konnte. Mittlerweile hat der Platz sich aber zu einem eigenen Ziel entwickelt. Wem Kaş bereits zu laut und Kaleköy zu abgelegen ist, der findet hier schöne Pensionen am Wasser. Von Kaş aus gibt es im Sommer täglich Bootstouren zur Kekova-Insel, die auch in Kaleköy anlegen. *Von Kaş über die Straße nach Finike, von der nach 10 km eine kleine Straße in Richtung Üçağız nach links abbiegt*

Erfrischende Badepause: Ausflugsboot ankert vor der Insel Kekova

MYRA ★ (134 C6) *(📖 H7)*
Das antike Myra, einst eine wichtige lykische Stadt, ist heute vor allem als Wirkungsstätte des Nikolaus bekannt. Von der Stadt sind nur noch die Gräber zu besichtigen. Es gibt aber kaum einen anderen Platz, an dem so viele prächtige lykische Felsgräber erhalten geblieben sind wie in Myra. Dicht an dicht stehen in dem steilen Hang die sogenannten Haustypgräber: in den Fels gemeißelte Fassaden, hinter denen sich die eigentlichen Gräber verbergen. Unterhalb von Myra, in *Kale* (gehört zum Ort Demre) steht die INSIDER TIPP *Basilika des Hl. Nikolaus*, die in byzantinischer Zeit zum ersten Mal gebaut, aber mehrfach zerstört wurde. Die heutige Kirche wurde von Zar Alexander II. im 19. Jh. aus Verbundenheit der Orthodoxie mit dem hl. Nikolaus wieder aufgebaut. Zu Weihnachten findet hier ein christlich-islamischer Gottesdienst statt, der viele Besucher anzieht. *Eintritt ca. 3 Euro | von Kaş in Richtung Finike ca. 40 km, in Kale biegt man nach Myra ab (noch 1,5 km)*

In Stein gemeißelt: der heilige Nikolaus von Myra

KEMER

(135 E4–5) *(📖 J6)* **Kemer (22 000 Ew.) ist das Zentrum eines 50 km langen Küstenstreifens südwestlich von Antalya, der zum touristischen Vorzeigegebiet der Mittelmeerküste ausgebaut wurde.** Von dem ehemaligen Fischerdorf ist nicht viel übrig geblieben. Kemer ist eine neu erbaute Ferienstadt, die zu hundert Prozent dem (vor allem russischen) Tourismus gewidmet ist. Hotels aller Variationen, eine neu gebaute Marina, Restaurants, Cafés und eine Aquaworld-Spaßanlage sind mitten im Ort. Trotzdem ist Kemer keine Betonwüste. Der Ort ist großzügig angelegt, mit viel Grün und autofreien Fußgängerzonen – ideal für alle, die kompletten Service, Deutsch sprechende Kellner, Sonne, Sand und blaues Meer suchen, ohne in einer All-inclusive-Ferienanlage abzutauchen.

ESSEN & TRINKEN

Kemer ist voller *lokantas* und Fastfood-Restaurants. Die Menüs sind ausgestellt und trotz Massenbetriebs nicht überteuert. Besseres Ambiente findet man nur etwas außerhalb.

INSIDER TIPP **ÇINAR**
Das älteste und beste Gartenrestaurant etwas außerhalb von Kemer bietet ausgezeichnete Fleischgerichte und leckeren Fisch. *Ulupınar | auf dem Weg vom Kemer nach Kumluca, ca. 20 km | Tel. 0242 8 25 00 29 | €€*

NAVIGATOR
Seit 30 Jahren *das* Restaurant mit den weißen Tischdecken in der Marina: Vor der grandiosen Kulisse der Berge dem Sonnenuntergang beizuwohnen, ist ein Erlebnis. Die Wirte Yılmaz Coşkun und Saffet Yenigün sorgen für hervorragendes Essen. *Kemer Türkiz Marina | Tel. 0242 8 14 14 90* | €€€

YÖRÜK-PARK
Ein Essen in ausgefallener Umgebung bietet der Yörük-Park auf der Halbinsel am Yachthafen. In einem Freilichtmuseum, in dem das Leben der Nomaden, die früher zwischen Küste und den Gebirgsalmen pendelten, dargestellt wird, genießen Sie eine typische Mahlzeit. *Am Yachthafen | Tel. 0242 8 14 17 77 | www.yorukparki.com.tr* | €€

EINKAUFEN
Die Allee zur Marina hinunter besteht nur aus Läden. Gute Ledersachen bieten *Element Deri (Liman Cad. 17a)* und *Lederland (Sarıören Mah. | Turizm Cad.)*.

STRÄNDE
Kemer hat den Strand direkt vor der Haustür: Hinter der Marina erstreckt sich der *Mondschein-Strand (Ayışığı Plajı)* mit klarem Wasser und feinem Sand. Richtung Antalya (ca. 10 km entfernt) schließt sich der lange, schöne Stadtstrand von *Göynük* an. Im Süden kommen mit *Çamyuva* und *Tekirova* zwei große Strände, von denen Tekirova (17 km von Kemer) mit angrenzendem Wald der schönere ist. Einen Tagesausflug wert ist der ca. 50 km entfernte, 2 km lange, sanft abfallende Sandstrand INSIDER TIPP *Adrasan Plajı*. Vom Busbahnhof Kemer *(Otogar, Cumhuriyet Cad.)* fahren zu allen Stränden Kleinbusse.

AM ABEND
Man trifft sich ab 22 Uhr in der Basarstraße, am Hafen und im *Mondscheinpark (Ayışığı Parkı)*, besucht eine Bar oder geht in einer der Diskos wie dem *Club Aura (Deniz Cad. 3)* oder dem *Inferno (Deniz Cad. 1)* tanzen.

WART IHR AUCH BRAV?
Unser Nikolaus ist eine Heiligenfigur aus der orthodoxen byzantinischen Kirche. Zur Blütezeit von Byzanz, um 1000 n. Chr., wurde der Nikolaus im damaligen Konstantinopel hoch verehrt. Tatsächlich basiert die Legende von dem heiligen Mann, der den Kindern Süßigkeiten in die Strümpfe stopft, auf einer historischen Figur. Der Nikolaus lebte um 300–350 und war zeitweilig Bischof in Myra. Obwohl er in der byzantinischen Kirche auch als Schutzpatron der Seeleute galt, stammt sein Ruhm von der Legende der drei Töchter. Weil ein armer Mann kein Brautgeld für seine drei Töchter hatte, soll der Bischof drei Jahre hintereinander jeweils um die Weihnachtszeit einen Beutel Gold ins Haus geworfen haben. Manche erzählen sich, das Gold kam durch den Kamin, weshalb später in Häusern mit Kamin die Geschenke auch durch den Schornstein erwartet wurden. Heute kommt der Nikolaus am 6. Dezember, weil der Bischof von Myra an einem 6. Dezember starb.

KAPTAN TERAS BAR

Etwas ruhiger geht's hier auf der Terrasse zu, mit schönem Blick auf den Hafen. *Am Ende der Deniz Caddesi*

SIR WILLIAMS

Einer der guten englischen Pubs. *Ayışığı Parkı | Tel. 0242 8 14 48 41*

ÜBERNACHTEN

In Kemer werden die Hotels meist als Teil einer Pauschalreise gebucht. Informationen über die großen Hotels in Kemer unter *www.hotelguide.com.tr*.

AMARA WING RESORT

Von den großen All-Inclusive-Hotelanlagen fällt dieses Hotel recht charmant aus. Aquapark, Fitnesszentrum und Tennisplätze dürfen nicht fehlen; ein 125 m langer Hotelstrand mit feinem Sand sorgt für Entspannung. Der Hauptpool ist 1040 m² groß. Und auch für Yoga gibt es auf der 30 000 m² großen Anlage genug Platz. Das Hotel ist mehrfach für Sauberkeit und Service ausgezeichnet worden. *312 Zi. und Bung. | Yenimahalle | Atatürk Bulvarı 34 | Tel. 0242 8 14 69 79 | www.amaraworld.com.tr | €€–€€€*

NATURLAND ECOPARK HOTELS

Ambitioniertes Quartett in der Bucht von Çamyuva: Die Anlagen heißen *Aquarium Park (133 Zi.), Country Park (80 Zi.), Forest Park (170 Zi.)* und *Naturvillas (83 Zi.)*. Das Konzept ist naturnaher Urlaub: frisches Obst und Gemüse, Kleintiere für die Jüngsten. *Çamyuva | Tel. 0242 8 24 62 14 | www.naturland.com.tr | €€€*

AUSKUNFT

TURIZM DANIŞMA

Yat Limani 159 | Tel. 0242 8 14 11 12 | www.kemer-tr.info

ZIELE IN DER UMGEBUNG

KUZDERE (135 E4) (*J6*)

Das 10 km nordwestlich von Kemer gelegene Dorf Kuzdere ist der Ausgangspunkt für Ausflüge ins Taurusgebirge. Von hier fährt man zum *Beydağları-Nationalpark*, hier beginnt eine Schotterpiste auf den *Tahtalı Dağ*, den früheren Olympos-Berg, oder eine schöne, 25 km lange Wander- oder Mountainbikestrecke zur INSIDER TIPP *Kuzdere Yaylası*, einer Hochalm, auf der bis heute Halbnomaden ihre Schafe weiden. Richtige Wanderschuhe und gute Sonnencreme sind ein Muss! *Sammeltaxis vom Busbahnhof Kemer*

OLYMPOS (135 E5) (*J7*)

Mit dem Namen Olympos verbindet sich mehr als nur eine von vielen antiken Stätten an der Mittelmeerküste. Olympos steht sowohl für den antiken Ort, wie den Berg, den die Griechen Kleinasiens Olympos nannten, heute *Tahtalı Dağı* (siehe dort), als auch für ein phantastisches Naturschutz- und Feriengebiet. Im Einzugsbereich von Olympos liegen einige Dörfer mit kleinen Pensionen. Auf der Landstraße von Kemer nach Finike ist Çıralı/Olympos links ausgeschildert. Nach einigen Kilometern kurvenreicher Strecke erreicht man *Çıralı* am Strand von Olympos. Der Strand ist eine Naturschönheit, besteht aber nur aus Kieseln. In Çıralı kann man sich in der luxuriösen *Olympos-Lodge (12 Zi. | Tel. 0242 8 25 71 71 | olymposlodge.com.tr | €€€)* einmieten oder in der *Şaban Pension (Tel. 0242 8 92 12 65 | www.sabanpansion.com | €)*, wo man in Baumhäusern nächtigt.

Von Çıralı nach Norden liegen die *Ewigen Flammen* (türkisch *Yanartaş*), der Ort, wo das Fabelwesen Chimära wohnt. Man kann sich in Çıralı einer Führung anschließen oder auf eigene Faust den markierten Weg bergan steigen. Am eindrucksvollsten ist eine INSIDER TIPP Nachtwanderung, wenn die von austretendem Erdgas gespeisten Flammen weithin sichtbar am Berghang flackern. *Eintritt 5 Euro | 7 km Fußweg von der Hauptstraße (ausgeschildert) oder Taxi; Yanartaş liegt 180 m hoch am nördl. Ende des Strandes Çıralı, 3 km landeinwärts; der Weg ist zur Hälfte befahrbar, den Rest muss man laufen*

PHASELIS ★ (135 E5) (*J7*)

Die im Wald gelegene antike Stadt der drei Häfen wurde bereits von den Phöniziern als Handelsstützpunkt genutzt. Als Stadt verbrieft ist Phaselis erst um 700 v. Chr., als Siedler von Rhodos sich hier niederließen. Ein Besuch von Phaselis (12 km südlich von Kemer) lohnt sich vor allem wegen der schönen Kombination von antiken Zeugnissen und einem Bad vor dieser Kulisse. Aus den Häfen sind nun Badebuchten geworden, in denen noch antike Hafenanlagen unter Wasser zu sehen sind. *Tgl. April–Okt. 9–19, Nov.–März 8.30–17 Uhr | Eintritt ca. 3,50 Euro | Sammelbusse vom Busbahnhof Kemer | www.muze.gov.tr/phaselis*

Im Südwesten des Strandes befindet sich das INSIDER TIPP *Sundance Nature Village (Tel. 0242 8 21 41 65 | www.sundancecamp.com | €€–€€€)* mit Bungalows, Reitpferden und einem herrlichen, menschenleeren Strandabschnitt. Hier gibt es kein Telefon und keinen Fernseher! Die Eier kommen aus dem Dorf, das Gemüse wächst pestizidfrei im Garten, die Marmelade ist hausgemacht.

TAHTALI DAĞI (135 E5) (*J7*)

Tahtalı („Der Hölzerne") heißt der mit 2366 m höchste Gipfel der Ausläufer des Taurusgebirges, das der Küste hier am nächsten kommt. Der Lift fährt die 4,5 km lange Strecke bis hoch zur Gipfelregion in 15 Min.: *Olympos Teleferik (Tel. 0242 2 42 22 52 | www.olymposteleferik.com | letzte Abfahrt von oben 19 (im Winter 18) Uhr)*. Die Kabinen fassen 80 Personen! Oben warten Liegen in der Sonne und ein Café-Restaurant. Auf einem Pfad geht es vom Gipfel hinunter zum Dorf *Beycik* (auf 850 m) im Südwesten. Auf dieser Wanderroute trifft man auf seltene Blumen wie z. B. die Anatolische Orchidee *(Orchis anatolica)*. *Auf der Landstraße von nach Kaş hinter Çamyuva rechts abbiegen; der Lift ist ausgeschildert; nach ca. 7 km Asphalt im Wald kommt die Station | Minibusse von Kemer (15 km) April–Okt. 8–19 Uhr alle 30 Min.*

Die ewigen Flammen am Berg Olympos

DIE TÜRKISCHE RIVIERA

Wenn von der Türkischen Riviera die Rede ist, geht es um die endlosen Sandstrände zwischen Antalya und Alanya. An diesem ca. 150 km langen Küstenabschnitt liegen die meisten jener Ferienanlagen, in denen die sonnenhungrigen Besucher aus dem Norden „all-inclusive" Sonne, Strand und Meer genießen. Dabei hat das antike Pamphylien mehr zu bieten: eines der größten römischen Theater der Welt in Aspendos; Baden vor dem Apollo-Tempel in Side; eine Piratenburg in Alanya, Flüsse und Canyons im Hinterland und nicht zuletzt das Taurusgebirge, das sich in Sichtweite der Küste entlangzieht und für das milde Klima sorgt, weil es die kalten Nordwinde abhält. Deshalb wurden östlich von Antalya schon immer Orangen, Zitronen und Gemüse angebaut. Heute werden dank großer Gewächshäuser das ganze Jahr über Tomaten, Auberginen und Salat geerntet. Im Spätsommer, wenn die Kapseln der Baumwollfrüchte platzen und die Wolle herausquillt, glaubt man sich trotz 30 Grad in eine Schneelandschaft versetzt.

ALANYA

KARTE IM HINTEREN UMSCHLAG
(139 D4) (🕮 N6–7) **Alanya (276 000 Ew. im Großraum), der östliche Abschluss der Türkischen Riviera, ist die „deutsche Stadt" an der Mittelmeerküste. Das reizvoll gelegene, gepflegte Städtchen mit schönen Stränden und**

 Bild: Strand bei Side

Mediterrane Gastfreundschaft, Meer, Sand und Sonnenschein im Überfluss – und das größte römische Theater der Welt

WOHIN ZUERST?
An der Moschee: Alanya hat eine Ober- und Unterstadt, den Burgberg und die moderne Stadt als Orientierungspunkte zu bieten. An der Kuyularönü Camii am Fuß des Burgbergs beginnt die Straße in die Oberstadt, man erreicht von hier aus in wenigen Schritten aber auch die Stadtstrände, den Basar und den Hafen.

der beeindruckenden Burg auf einem Berg mitten im Ort ist auf dem besten Weg, ein kleines Mallorca zu werden. Nirgendwo sonst haben sich so viele Deutsche niedergelassen wie hier: Mittlerweile sind es über 20 000, die sich auf die Region verteilen. Das hat vor allem mit dem Klima zu tun. Alanya hat praktisch keinen Winter. Das Thermometer fällt so gut wie nie unter 10 Grad, auch das Meer bleibt das ganze Jahr über warm, und wenn in Deutschland Schnee fällt, werden hier Orangen und

Damlataş Mağarası: sehenswerte Tropfsteinhöhle im Burgberg von Alanya

Bananen gepflückt. Die Deutschen pflegen nicht nur untereinander, sondern auch zur Kommunalverwaltung gute Beziehungen. Eine Krebsklinik und weitere deutschsprachige Gesundheitsdienste sind u. a. Folgen der deutschen Migration an die türkische Riviera – Deutsch ist in Alanya mittlerweile fast zur zweiten Verkehrssprache geworden.

Neben dem kleinen Altstadtviertel ist eine Fußgängerzone entstanden; die palmengesäumte Promenade führt an Teegärten vorbei, und selbst der Autoverkehr ist hier ein bisschen weniger chaotisch als sonst in der Türkei. Am Ende der Promenade erreicht man den alten Hafen, an dem der *Kızıl Kule*, der Rote Turm, daran erinnert, dass Alanya mal ein wichtiger Militärstützpunkt war.

Alanya liegt an der Mündung von zwei wichtigen Flüssen: Dim und Kargı. Das Zedernholz der Taurus-Gebirge wurde in der Antike über diese Wasserwege an die Küste transportiert, bevor es zu den Werften der Ägypter nach Alexandria verschifft wurde.

SEHENSWERTES

ALANYA KALESI ★

Die Burg, 300 m über dem Meer, wurde wegen ihrer hervorragenden Lage seit der Antike immer weiter ausgebaut. Die meisten Mauern und Wälle, die man heute sieht, sind die Überreste der Anlage, die im 13. Jh. von den Seldschuken mit 150 Türmen gebaut wurde. Innerhalb des *İç Kale* gibt es aber auch noch Teile einer byzantinischen Basilika und die Reste einer großen Zisterne zu sehen. Am eindrucksvollsten sind die Wälle zum Meer hin, wo man von einer großen Aussichtsplattform, die einst als Hinrichtungsstätte diente, einen grandiosen Blick über das Meer hat. *Tgl. April–Okt. 9–19.30, Nov.–März 8.30–17 Uhr | Eintritt 6 Euro*

ARKEOLOJI MÜZESI

Das kleine Stadtmuseum hat sowohl archäologische Stücke als auch seldschukische und osmanische Gebrauchskunst zu bieten. Außerdem sind schöne alte Kelims, Münzen und eine kalligrafische Sammlung zu sehen. Besondere Beachtung verdient die bronzene Statue von Herakles aus dem 2. Jh. n. Chr. *Am Atatürk-Park, Ecke Güzelyalı Caddesi | tgl. 8–17 Uhr | Eintritt 3,50 Euro*

HÖHLEN

Am Fuß des Burgbergs liegen mehrere Höhlen, von denen nur die große Tropfsteinhöhle Damlataş Mağarası am Ende des Atatürk-Parks vom Land aus zu erreichen ist. Die Piratenhöhle, die Höhle der Verliebten und die durch erstaunliche Lichtreflexe beeindruckende ★ *Phosphorhöhle (Höhlentour ca. 10 Euro)* erreicht man nur mit einem Boot vom Hafen aus.

KIZIL KULE

Der Rote Turm ist das Wahrzeichen der Stadt und wurde 1224 vom seldschukischen Sultan Alaeddin Keykubat erbaut. Der 35 m hohe, achteckige Ziegelturm bildete einen Eckpunkt der Hafenbefestigung. Im Erdgeschoss ist heute ein kleines Volkskundemuseum untergebracht. *Tgl. 8–17 Uhr | Eintritt 2 Euro*

TERSANE

Wer mit dem Boot zur Besichtigung der Höhlen aufbricht, sollte auch die alte seldschukische Schiffswerft anschauen. In fünf großen, tief in den Berg getriebenen Kammern ließen die Sultane ihre Kriegsflotte bauen. Das Holz lieferten die Wälder im Taurus. Die Docks boten auch Schutz für die Flotte, sodass Alanya zum sichersten Hafen im östlichen Mittelmeer wurde. *Rundfahrten ab Hafen ca. 3 Std. | 10–15 Euro*

ESSEN & TRINKEN

HANCI PATISSERIE

Guter Kaffee und Kuchen für wenig Geld – die Konditoreikette ist mittlerweile eine Institution in Alanya. Auch zum Frühstück empfehlenswert. Zentrale Filiale: *Hasan Akçalıoğlu Cad. 9 | Tel. 0242 5 13 70 70 |* €

ÖZ GRAND RESTAURANT

Das beste Kebap-Haus in Alanya, serviert auch Fisch und französische Küche. *Çimen Oteli Sokak | Tel. 0242 5 11 93 18 |* €€

RED TOWER BREWERY

Restaurant mit eigener Bierbrauerei und solider türkischer Küche. Neben Kebap auch gute Salate. Das Lokal ist gleich am Hafen und bietet Platz für ca. 100 Gäste. *İskele Cad. 80 | Tel. 0242 5 13 66 64 | www.redtowerbrewery.com |* €€

MARCO POLO HIGHLIGHTS

★ Alanya Kalesi
Die ehemalige Seeräuberfeste auf dem Burgfelsen von Alanya beherrscht die Küste → S. 72

★ Phosphorhöhle
Die Höhlen im Burgberg von Alanya wurden als Liebesnester und Schiffswerften genutzt → S. 73

★ Apollo-Tempel
Der Tempel an der Spitze der Landzunge von Side ist ein Muss bei Sonnenuntergang → S. 77

★ Aspendos
Im größten erhaltenen römischen Theater des östlichen Mittelmeerraums gibt es Konzerte und Opern → S. 78

WILLIS KNEIPE

Von Currywurst bis Schweinebraten gibt es hier alles, was das deutsche Urlauberherz nach langer Kebapdiät begehrt. Willi Fillbach, der 1989 von Gran Canaria hierher wechselte, macht's möglich! *Güzelyalı Cad. 23 | Tel. 0242 5 12 25 79 | www.williskneipe.com* | €€

STRÄNDE

Alanyas Strände erstrecken sich 3 km nach Westen und 8 km nach Osten. Westlich des Burgbergs liegt der *Kleopatrastrand*, der das sauberste Wasser hat. Wer Richtung Antalya fährt, erreicht den *İncekum*-Strand, wo zwischen Konaklı und Avşalar ein Campingplatz und der *İncekum-Rekreationspark* liegen. Stdl. Kleinbusse vom Zentrum.

LOW BUDG€T

In manchen Golfhotels in Belek, z. B. im *Gloria Verde Resort (İleribaşı Mevkii | Tel. 0242 710 05 00 | www.gloria.com.tr)*, bekommt man bei Frühbuchung fast 30 Prozent Rabatt. Es lohnt sich, denn diese Strandhotels sind besonders schön!

In Alanya kann man gut und vor allem günstig überwintern – z. B. im 3-Sterne-Hotel *Ikiz (64 Zi. | Kızlarpınarı Mah. | Belen Sok. 3 | Tel. 0242 5 13 31 55 | www.ikizotel.com)* am Kleopatra-Strand: ab 8 Euro/Pers., mit Halbpension 12,50 Euro.

In der *Lighthouse*-Disko am Hafen von Side gibt's täglich 21–23 Uhr Happy Hour mit erheblich ermäßigten Preisen für die Drinks.

FREIZEIT & SPORT

Am Kleopatrastrand findet alljährlich Ende Mai ein internationales Beach-Volleyball-Turnier statt. Ende Juni geht es mit Handball und im Juli mit einem Strandfußballturnier weiter. Die Krönung bildet im Oktober der Triathlon mit Rafting, Mountainbiking und Laufen *(www.alanyacup.com)*. Motorschirmfliegen *(Powered Paragliding)* ist an der Küste angesag. Im Ein- oder Zweisitzer geht es in die Höhe (ca. 50 Euro pro Flug und Person) – das kann man auch lernen, z. B. bei der Agentur *Trikeforce (Alarhan Mevkii | Sariaglar Mahallesi, Okurcalar | Tel. 0532 6 47 11 44)*. Die Agenturen bieten deutschsprachige Guides.

AM ABEND

Die Kneipen und Diskos reihen sich am Hafen und an der Promenade *(İskele Cad.)* aneinander. *James Dean, Summer*

Sonnenbaden am Kleopatrastrand – gut bewacht von Alanyas Seldschukenburg

Garden, Black Horse und *Havana Club* sind die beliebtesten. In den Seitenstraßen zum Ort hinein finden Sie Off-Kneipen wie das *Doors* oder, für ältere Jahrgänge, das *Murphy's*. Im *Queen's Garden (Demirciler Sokak)* kann man auch essen. Daneben gibt's im Zentrum türkische Livemusik-Bars wie *Ada (Atatürk Cad.)* oder *Boomerang (İzzet Azakoğlu Cad.)*.

ÜBERNACHTEN

DINLER

Großer Kasten an der Kargıcak-Bucht im Süden mit eigenem Strand. Ganzjährig geöffnet, mit In- und Outdoorpools. *172 Zi. | Kargıcak Beldesi | Tel. 0242 5 26 20 94 | www.dinler.com |* €€–€€€

SEAPORT HOTEL

Maritimes Boutiquehotel überm Hafen; nach Zimmern mit Seeblick fragen! *65 Zi. | İskele Cad. 82 | Tel. 0242 5 13 64 87 | www.hotelseaport.com |* €€

VILLA AUGUSTO

Dieses Haus mit Pool und klassischem Ambiente ist für Pauschalreisende zu teuer. Dafür bekommt man einen großen Garten mit Zugang zum Meer und herrlich große Zimmer. *20 Zi. | Konakli | Sancak Sokak | Tel. 0242 5 65 20 05 | www.augustovilla.com |* €€€

VILLA TURKA

Hoch über der Stadt, unweit der Burg, residiert das nette Hotel am Hang mit Blick aufs Meer. Ein 150 Jahre altes Stadthaus wurde dafür liebevoll restauriert. Gutes Frühstück. *10 Zi. und Suiten | Tophane Mahallesi | Kargi Sok. 7 | Tel. 0530 5 47 46 41 | hotelvillaturka.com |* €€

AUSKUNFT

TURIZM DANIŞMA

Damlataş Cad. 1 | Tel. 0242 5 13 12 40 | www.alanya-tuerkei.de | www.alanya-tuerkei.de

ZIELE IN DER UMGEBUNG

ALARA HAN (138 C4) (*M6*)
Die am besten erhaltene Karawanserei auf der Seidenstraße aus seldschukischer Zeit wurde 1231am Alara-Fluss erbaut, an dem entlang früher der Weg von Alanya in die Hauptstadt Konya führte. Massive Außenmauern umgeben einen großen Innenhof mit den Ställen und den über eine Empore erreichbaren Zimmern. Oberhalb der Karawanserei liegt wie ein Schwalbennest an den Fels geklebt die INSIDER TIPP *Alara-Festung*. Über einen Pfad steigt man zur Burg empor, wo man mit einem herrlichen Ausblick belohnt wird. Der Alara-Fluss bietet sich für ein Bad an, danach kann man in einem der Lokale Forellen *(Alabalık)* essen. *Richtung Antalya, nach 35 km Abzweig nach rechts | 9 km bis zum Alara Han | Eintritt frei*

INSIDER TIPP DIM ÇAYI
(139 D4) (*N–O6*)
Die Fahrt zu diesem kleinen Fluss ca. 10 km östlich von Alanya ist eine schöne Abwechslung zum Sonnenbad am Strand. Man kann unter Bäumen wandern und in einem der Restaurants speisen. Der Fluss ist aufgestaut und in ein Erholungsgebiet verwandelt worden. Hier ist es ca. 10 Grad kühler als in Alanya, man kann Kanus mieten und im kalten Wasser schwimmen. *Von Alanya mit dem Dolmuş zu erreichen*

Chillig: Restaurant im Dim Çayı

SIDE

KARTE IM HINTEREN UMSCHLAG
(138 B3–4) (*L–M6*) **Nur wenige Schritte vom römischen Theater entfernt liegt das quirlige Side (10 000 Ew.) praktisch mitten in der antiken Stadt.**
Wie vor 3000 Jahren passiert man eine Stadtmauer, die die Halbinsel auf der Landseite schützte, und fährt dann an der Säulenstraße der Agora vorbei zu einem Parkplatz neben dem Theater. Die Spitze der Halbinsel, an der zur See hin ein restaurierter Apollo-Tempel von der einstigen Größe der Stadt kündet, ist für den Autoverkehr gesperrt. Hier geht es durch enge Gassen, vorbei an Hunderten von Shops, Restaurants, Bars und Pensionen zum antiken Hafen von Side. Side, im 7. Jh. v. Chr. von griechischen Siedlern kolonisiert, war damals eine wichtige Hafenstadt, die hart umkämpft war. Die Stadt hatte in ihrer Geschichte viele Herren, was die Einwohner aber nie davon abhielt, ihren Geschäften nachzugehen. Mittlerweile gibt es eine Invasion ande-

Wahrzeichen am Strand von Side: die dekorativen Reste des Apollo-Tempels

rer Art: Jahr für Jahr kommen mehr Besucher, und die Shoppingmeile erinnert im Sommer an einen Rummelplatz, in dem die griechischen Tempel, römischen Bäder und byzantinischen Basiliken fast untergehen. Für viele Pauschaltouristen, die in den großen Ferienanlagen rund um Side untergebracht sind, ist die Stadt zur Amüsiermeile geworden. Außerdem sind die All-Inclusive-Anlagen rund um Side zu einem Überwinterungsplatz deutscher Rentner geworden.

SEHENSWERTES

Das antike Side gehört zu den attraktivsten Ausgrabungsstätten der Türkei. Wenn man neben dem *römischen Theater*, das einst 15 000 Menschen Platz bot, geparkt hat, kann man auf den „Traktorzug" umsteigen, der durch das Grabungsgelände fährt, oder zu Fuß die Säulenstraße entlangschlendern *(Eintritt 5 Euro)*. Der frühere Markt, die Agora, ist gut erhalten, aus römischer Zeit steht noch ein Denkmal des Vespasian, und im byzantinischen Bad ist heute das *Archäologische Museum (Di–So April–Okt. 9–19, Nov.–März 8–17 Uhr | Eintritt 4 Euro)* untergebracht. Das antike Highlight von Side aber ist der ★ ● *Apollo-Tempel* (2. Jh. n. Chr.) direkt am Strand, der vor der untergehenden Sonne ein tolles Panorama bietet. In der Saison werden im INSIDER TIPP Theater und am Tempel Konzerte veranstaltet.

ESSEN & TRINKEN

APOLLONIK CAFÉ

Das Café für den Aperitif am Abend – der beste Platz, um den Sonnenuntergang mit Blick auf den Apollo-Tempel zu genießen. *Liman Yolu 69 | Tel. 0242 7 53 10 70 | www.apollonik.com* | €€

ORFOZ

Exzellentes Fischrestaurant mit Blick auf die Bucht von Kumköy. Türkische Vorspeisen und Fleischgerichte, auch Vegetarisches. Den Preis des Fisches vorher erfragen. *Selimiye Mahallesi | Eski*

İskele Mevkii, Liman Cad. 58/C | Tel. 0242 7 53 13 62 | www.orfozrestaurant.com | €€€

STEAKHOUSE „BEI HOLGER"

Spätzle und Schnitzel auf der Terrasse mit Blick auf Side und den Weststrand. *Yasemin Sok. 12 | Tel. 0242 7 53 36 14 | €€*

STRÄNDE

Die Halbinsel von Side ist in beiden Richtungen von großen Sandstränden umgeben. Wer den östlichen Strand wählt, badet vor den Resten der antiken Stätte. 3 km weiter Richtung Osten liegt der Strand von *Sorgun (Minibusse alle 30 Min. vom Busbahnhof)*, eine endlose Dünenlandschaft mit einem schattigen Pinienwald im Hintergrund.

AM ABEND

Rund um die Basarstraße wird das Zentrum jeden Abend zum Rummelplatz: Kneipe reiht sich an Kneipe. Gut tanzen kann man in der Openair-Disko *Lighthouse* am Hafen. Die Disko *Blackout (Kumköy)* ist sehr populär. Für ruhigere Gemüter empfehlen sich die Cafés und Kneipen auf der Landnase am Apollo-Tempel.

ÜBERNACHTEN

INSIDER TIPP BEACH HOUSE HOTEL

Das türkisch-australische Paar Ali und Penny Yeşilipek und ihr Sohn betreiben am Ortsrand dieses Hotel, das anstelle einer byzantinischen Villa erbaut wurde. Es gibt einen kleinen, feinen Strandabschnitt mit Liegen. Die Zimmer zum Meer hin haben schöne Balkone. Im Haus ist das Restaurant *Soundwaves*. *20 Zi. | Barbaros Cad. | Tel. 0242 7 53 16 07 | www.beachhouse-hotel.com | €–€€*

BLUE WATERS CLUB

Unter den Fünfsterne-Anlagen am endlosen Sandstrand ist diese so weitläufig (und so schön grün), dass man trotz der hohen Zimmerzahl irgendwie seine Ruhe findet. Diverse Häuser, unterschiedliche Zimmertypen ab 29 m^2. Von Tennis über Bogenschießen bis zu Reiten werden viele Aktivitäten angeboten. *674 Zi. | Sorgun/Manavgat | Tel. 0242 7 44 06 06 | www.bluewaters.com.tr | €€–€€€*

HOTEL VILLA ÖNEMLI

Freundliches, neues, familiengeführtes Hotel im Stil von Holzbungalows, direkt am Meer mit einem großen Garten. *14 Zi., 1 Ap. | Küçük Plaj Üstü | Lale Sokak | Tel. 0242 2 47 67 14 | www.hotelvillaonemli.com | €€*

AUSKUNFT

TURIZM DANIŞMA

Side Yolu Üzeri | Manavgat | Tel. 0242 7 53 12 65 | www.side-info.de

ZIELE IN DER UMGEBUNG

ASPENDOS ★ ● (138 A3) (*🕮 L5*)

Das römische Theater von Aspendos ist das größte und besterhaltene im östlichen Mittelmeer. Rund 20 000 Zuschauer finden noch heute hier Platz, wenn im Juni die Konzertsaison startet. Aspendos war zu römischer Zeit eine große Handelsstadt, von der auch noch ein großer Aquädukt erhalten ist. Dass das riesige Theater auch nach 1800 Jahren noch so gut erhalten ist, verdankt sich dem Umstand, dass die Seldschuken den Bau als Karawanserei nutzten und pflegten. Hier ein Konzert zu besuchen ist ein einmaliges Erlebnis *(www.antalya.de/aspendosprogramm.htm)*. *Tgl. April–Okt. 9–19, Nov.–März 8–17 Uhr | Eintritt 7,50 Euro | auf der Hauptstraße Rich-*

tung Antalya bis Belkis, der Abzweig nach rechts ist ausgeschildert, 20 km

BELEK (138 A3) (*🕮 L6*)
Auf halbem Weg zwischen Side und Antalya ist hier in einem Kiefernwald ein nobler Ferienort mit mehreren Hotels entstanden. Wer sich echten Luxus gönnen möchte, steigt im *Kempinski The Dome (182 Zi. | Üçkumtepesi Mevkii 20 | Tel. 0242 7101300 | www.kempinski.com | €€€)* ab. Beleks Golfresorts zählen zu den besten weltweit. In der Umgebung wurden Dutzende Golfplätze angelegt. Der Strandort Belek gehört zum Kleinstädtchen Kadriye, das sich als Touristenzentrum mausert. *www.belektourismcenter.org | von der Hauptstraße nach Antalya hinter Serik nach links Richtung Kadriye/Belek, 35 km*

MANAVGAT (138 B3–4) (*🕮 M6*)
Manavgat (100 000 Ew.) ist die moderne Kreisstadt, zu der das 10 km entfernte Side gehört. Berühmt ist sie für ihre Wasserfälle. Der Ort lebt weniger vom Tourismus als von der umliegenden Landwirtschaft. Montags werden hier auf einem großen Markt die Produkte angeboten. Von Side kommend, zweigt am Ortseingang der Weg zum großen Wasserfall am Manavgat-Fluss ab. Nach 3 km erreicht man die Wasserfälle, die schon von weitem durch Restaurants und Parkplätze angekündigt werden. Die Fälle sind zwar nicht besonders hoch, aber der Fluss ist hier so breit, dass sich dennoch ein imposantes Schauspiel bietet. In den Restaurants kann man den optischen Genuss durch den Verzehr einer Forelle noch steigern. Wer noch Zeit und ein Auto hat, kann am Wasserfall vorbei die Straße am Fluss entlang weiter hinauffahren und erreicht nach ca. 15 km den ersten von zwei Stauseen, den *Oymapınar Barajı. Zum Wasserfall fahren Minibusse vom Busbahnhof (Otogar) oder Ausflugsboote vom Hafen (15–20 Euro)*

Auf breiter Front schäumen die Fälle des Flusses Manavgat

DER SÜDOSTEN

Östlich von Alanya endet der Badeurlaub, es beginnt das Reich der Entdeckungen. Zwar finden sich auch zwischen Anamur und Antakya noch Strände, doch die Küste ist touristisch wenig erschlossen und für Pauschalreisende immer noch terra incognita.

Dabei hat das raue Kilikien, wie die Küste zwischen Alanya und Mersin in der Antike hieß, eine Menge zu bieten. Byzantiner und Seldschuken, Armenier und Kreuzritter, Araber und Osmanen haben hier ihre Spuren hinterlassen. Der Küstenstreifen östlich von Adana, der wie ein Daumen nach Syrien hineinreicht, war Schauplatz von gleich drei welthistorischen Ereignissen: 1285 v. Chr. fand hier die große Schlacht zwischen Hethitern und dem pharaonischen Ägypten statt, 333 v. Chr. errang Alexander der Große hier seinen entscheidenden Sieg gegen die Perser (Schlacht bei Issos), und gut 300 Jahre später traf sich in einer Höhle bei Antakya, dem damaligen Antiocheia, eine Handvoll Menschen, um einer neuen Religion zu huldigen. Sie nannten sich Christen, und ihr geistlicher Führer war der Apostel Petrus.

Landschaftlich gliedert sich die Küste in drei Abschnitte. Von Alanya bis Silifke zieht sich die schöne Küstenstraße durch eine relativ dünn besiedelte Gegend, in der auf terrassierten Hängen Bananen angebaut werden. Ab und an finden sich auch schöne Strände. Bald hinter Silifke beginnt der industrielle Großraum der Südtürkei. Mersin und İskenderun sind Industrie- und Marinehäfen, die Millio-

 Bild: Burg von Anamur

Auf den Spuren der ersten Christen: Die östliche Mittelmeerküste der Türkei hat uralte Kirchen und auch viel Sonne zu bieten

nenstadt Adana ist das Baumwoll- und Textilzentrum des Landes. Erst südlich von İskenderun, der Stadt, die Alexander der Große nach seinem Sieg gründete und Alexandreia nannte, beginnt noch einmal ein verträumter, landschaftlich und kulturell höchst interessanter Küstenabschnitt, mit der Provinzhauptstadt Antakya im Hinterland. Die Provinz Antakya (oder Hatay) hat auch heute noch einen starken arabischen Einschlag. Antakya ist die am orientalischsten anmutende Stadt an der Südküste.

ADANA

(142 C3) (*🕮 X5*) **Adana (2,1 Mio. Ew.) ist die fünftgrößte Stadt der Türkei und neben Antalya die am schnellsten wachsende Metropole des Landes. Adana ist Umschlagplatz für die Agrarproduktion der Çukurova-Ebene und Zentrum der Textilindustrie, die die Baumwolle der umliegenden Tiefebene verarbeitet.**

Mit Adana lernen Sie eine urwüchsige südostanatolische Stadt kennen. Die Be-

Beeindruckend in Pracht und Größe: Kuppel der Sabancı-Moschee

völkerung besteht aus Türken, Arabern und Kurden. Die meisten Kurden sind erst in den letzten 30 Jahren nach Adana eingewandert, angezogen von der aufblühenden Wirtschaftsmetropole und verdrängt durch die Kämpfe zwischen der Armee und den kurdischen Separatisten der PKK (Kurdische Arbeiterpartei).

Die Stadt hat ein subtropisches Klima, im Hochsommer geht die Temperatur bis auf 45 Grad hoch, was sich auch an der üppigen Vegetation in den Parks der Stadt zeigt. Von der langen Geschichte der Stadt – erste archäologische Hinweise gibt es aus der Zeit der Hethiter 1600 v. Chr. – ist nicht mehr viel zu sehen. Das älteste teilweise noch erhaltene Bauwerk ist eine Brücke über den Seyhan, die auf Veranlassung des römischen Kaisers Hadrian (117 n. Chr.) gebaut wurde. Die römische Steinbrücke kontrastiert optisch mit der jüngsten Sehenswürdigkeit der Stadt, der riesigen Sabancı-Moschee im Zentrum. Mit dieser im osmanischen Stil erbauten Moschee hat sich die bekannteste Familie der Stadt ein Denkmal errichtet. Die Sabancı-Dynastie ist mit Baumwolle aus der Çukurova reich geworden und herrscht heute über die zweitgrößte Industrieholding der Türkei. International bekannt ist die Stadt durch den nahen US-Militärflughafen Incirlik, einen der größten Luftwaffenstütz-

CITY **WOHIN ZUERST?**

Kemeraltı-Moschee: In der Großstadt Adana trifft man sich an der Kemeraltı Camii am zentralen Küçük-Saat-Meydanı (Platz). Entlang der Straße zur Taş Köprü (Brücke) liegen die Altstadt und der Basar. Auch das Archäologische Museum und der Busbahnhof sind von hier aus leicht zu erreichen.

punkte außerhalb der USA. Außerdem liegt südlich von Adana das Ölterminal Yumurtalık, wo die Piplines aus dem Irak und die Baku-Ceyhan-Pipline münden und das Öl auf Tanker verladen wird. Das Ölterminal liegt am Mündungsdelta des Ceyhan, der mit dem weiter westlich ins Meer mündenden Seyhan die Çukurova-Schwemmlandebene bildet. Dies ist die Ursprungsgegend der türkischen Baumwolle und heute eines der ertragreichsten Anbaugebiete für Baumwolle und Getreide weltweit.

SEHENSWERTES

ADANA ARKEOLOJI MÜZESI ●

Das 1924 gegründete Archäologische Museum gehört zu den allerersten Museen der Türkischen Republik. Es konzentriert sich auf Funde aus hethitischer und römischer Zeit, die in sogenannten *Höyüks*, das heißt auf archäologischen Hügeln in der Ebene, ausgegraben wurden. Die Statuen, Steintafeln und Mosaiken sind zwar auf etwas verstaubte Art ausgestellt, aber durchaus sehenswert. *Di–So 8.30–12.30, 13–17 Uhr | Eintritt 2,50 Euro | Fuzuli Cad. 10*

SABANCI MERKEZ CAMII

Sechs 99 m hohe Minarette, eine mächtige Kuppel mit 32 m Durchmesser und Platz für 12 000 Gläubige – das sind die beeindruckenden Zahlen der erst 1998 im traditionellen Stil erbauten prächtigen Sabancı-Moschee. *Am Westufer des Seyhan*

ESSEN & TRINKEN

YÜZEVLER KEBAP SALONU

In Adana isst man das scharf gewürzte INSIDER TIPP Adana-Kebap, das eine echte Spezialität ist und das man am leckersten hier isst. Zuerst kommen Hirtensalat, Petersilie, geriebene Möhren, Salat, Gewürze, Zwiebeln und warmes Fladenbrot auf den Tisch. Sie können auch Tzaziki mit Pfefferminz dazu bestellen. So wird aus dem Kebap-Essen ein Ritual. *Ziyapaşa Bulvarı 25a | Tel. 0322 4 54 75 13 | www.yuzevler.com.tr | €€*

STRÄNDE

Südlich von Adana liegt der Badeort *Karataş*, zu dem die Einwohner Adanas im Hochsommer vor der Hitze flüchten. Schöner ist der östliche Küstenort *Yumurtalık*, der sich wunderbar als Badeort eignet – die Ölterminals sind etliche Kilometer entfernt. Yumurtalık hat den Charme eines alten Fischerortes und ist von Ruinen aus armenischer Zeit umringt.

MARCO POLO HIGHLIGHTS

★ **Mamure Kalesi**
Die mittelalterliche Burg von Anamur zählt zu den eindrucksvollsten Bauwerken der Türkei
→ S. 85

★ **Antakya Müzesi**
Das Museum von Antakya zeigt eine der größten Sammlungen römischer Mosaiken weltweit
→ S. 87

★ **Apostelkirche St. Peter**
In der Höhlenkirche in Antakya gründete der Apostel Petrus die erste christliche Gemeinde
→ S. 88

★ **Kız Kalesi**
Die „Mädchenburg" im Meer östlich von Silifke ist heute nur noch mit dem Boot zu erreichen
→ S. 91

Auf der Mauer, auf der Lauer: Hundstage in Anavarza

ÜBERNACHTEN

ADANA HILTON SA

Am Ufer des Seyhan mit Blick auf die Stadt und die Brücke Tas Köprü. Pools, Spa. Das „SA“ steht für die Sabanci-Holding, mit der Adana sich weitgehend identifiziert. *308 Zi. | Sinanpaşa Mah. | Hacı Sabancı Bulvarı | Tel. 0322 3555000 | www.hilton.com.tr | €€*

AUSKUNFT

TOURISMUSDIREKTORIAT

Yeni Valilik Binası (im Amt des Gouverneurs) | Block C, 3. und 4. Stock | Tel. 0322 4588428 | adana@kulturturizm.gov.tr

ZIEL IN DER UMGEBUNG

ANAVARZA (143 D2) (*Y4*)

Die ehemals armenische Festungsanlage liegt ca. 60 km nordöstlich von Adana. Auf einem 200 m hohen Hügel ragen die Ruinen weit über die fruchtbare Ebene hinaus und erlauben einen spektakulären Rundblick. Auf dem Gelände um den Burgberg findet man noch die Relikte der im 1. Jh. n. Chr. gegründeten Stadt. Unter dem Markenzeichen „Anavarza“ wird hier ein leckerer Honig in Bioqualität hergestellt.

ANAMUR

(139 F6) (*P8*) **Die Provinzstadt Anamur (mit den umliegenden Dörfern ca. 50000 Ew.) ist vom Tourismus noch weitgehend unberührt. Sie liegt landeinwärts, 6 km von der Küste entfernt.**

Anamur ist bekannt für Bananen, Erdnüsse, Zitrusfrüchte und Erdbeeren. Im Hinterland, in den Taurusbergen, gibt es Dörfer, in denen turkmenische Nomaden von Teppichknüpferei und Holzarbeiten leben. Auch in Anamur flüchten die Städter im Sommer bei Temperaturen von über 40 Grad in ihre Sommerhäuser auf den Gebirgsalmen *(yayla)*. Wer sich für den Alltag einer Provinzstadt ohne Touristen interessiert, kommt in Anamur auf seine Kosten. Anders sieht es im 4 km entfernten *Anamur-İskele* aus, einem Vorort am Meer, der sich zu einem Treff für einheimische Touristen entwickelt hat.

Am schönen Strand gibt es Hotels und Restaurants *(Minibusse vom Busbahnhof ab 7 Uhr)*. Die Glanzlichter von Anamur liegen aber außerhalb: die Kreuzritterburg *Mamure Kalesi* auf einer Halbinsel östlich von Anamur, die Ruinen von *Anemourion* im Südwesten sowie eine Tropfsteinhöhle.

SEHENSWERTES

ANAMUR MÜZESI

Das kleine Museum im Ortsteil İskele zeigt Exponate aus dem nahen Anemourion. *Di–So 8.30–12.30, 13.30–17.30 Uhr | Eintritt 1,50 Euro | İskele Mah. | Fahri Görgülü Cad. 8 | www.kultur.gov.tr*

ANEMOURION

Auf dem südlichsten Zipfel des türkischen Festlands beeindruckt die von armenischen Fürsten erbaute Burg hoch auf den Klippen über dem Strand. Dieser malerische „Ort der Stürme", wie er bei den Griechen hieß, blickt auf eine lange Geschichte zurück, die mit griechischen Kolonisten begann und unter den Osmanen endete. Die Zitadelle wurde im 12. Jh. erbaut, die Überreste der Stadt stammen aus römischer und byzantinischer Zeit. Bei guter Sicht soll man von den Burgmauern aus sogar das ca. 70 km südlich gelegene Zypern sehen können. *Tgl. außer Mo | Eintritt 3 Euro | auf der Straße nach Antalya zweigt nach 5 km eine ausgeschilderte Straße nach Anemourion ab*

MAMURE KALESI ★

Diese Burg, auf einer felsigen Landzunge erbaut, ist die am besten erhaltene und schönste Kreuzritterburg der türkischen Südküste. Die im 12. Jh. von fränkischen Baumeistern errichtete Festung wurde bis in die Neuzeit militärisch genutzt und im 19. Jh. von den Osmanen restauriert. Ihre Mauern sind gut erhalten, die Wehr-

BÜCHER & FILME

Mehmet mein Falke – Yaşar Kemal, der berühmteste zeitgenössische Schriftsteller der Türkei, erzählt die Geschichte eines jungen Rebellen in der Gegend von Adana, der sich gegen die Allmacht der Großgrundbesitzer auflehnt.

Gebrauchsanweisung für die Türkei – Iris Alanyali gibt in diesem Buch nützliche Tipps in Umgang mit Land und Menschen.

Charterführer Türkische Südküste – Nicht nur für Skipper: Andreas Fritsch gibt nicht Tipps für Segler und beschreibt mit Anekdoten Landgänge entlang Küste.

Kauderwelsch – Türkisch Wort für Wort – Marcus Stein orientiert sich in diesem Buch am Reisealltag und vermittelt das nötige Rüstzeug, um schnell mit dem Sprechen beginnen zu können.

Dumont on Tour – Türkei Südküste – Der Film (50 Min.) stellt die türkische Riviera vor und führt den Betrachter von den weiten Sandstränden zu den Bergdörfern des Taurusgebirges.

Sailing Turkey – Der Münchner Filmemacher Henry Hauck drehte 2004 diesen informativen filmischen Revierführer (45 Min.); preisgekrönt und nicht nur für Seefahrer ein echter Schatz!

gänge begehbar. Wenn man den großen Turm an der Seeseite besteigt, hat man einen guten Überblick über die Anlage. *Di–So 9–17 Uhr | Eintritt 3 Euro | von Anamur 6 km nach Osten | Dolmuş vom Busbahnhof*

ESSEN & TRINKEN

ANEMONIA RESTAURANT

Das Restaurant im gleichnamigen Hotel am Strand bietet gute Fleisch- und Fischgerichte. *İskele Mah. | İnönü Cad. | Tel. 0324 8 14 40 00 | €€*

MARE VISTA

Schönes Restaurant nahe dem Strand mit einer gepflegten Küche. Der Lammspieß ist besonders gut! *İskele Mah. | İnönü Cad. 27 | Tel. 0324 8 14 19 18 | €€*

ÜBERNACHTEN

ANEMONIA

Mittelklassehotel direkt am Strand in Anamur-İskele; sehr schöne Dachterrasse. Alle Zimmer mit Balkon, WLAN. *36 Zi. | İnönü Cad. | Tel. 0324 8 14 40 00 | www.anemonia.8m.com | €€*

ESER PANSIYON

Nettes Haus mit großen Balkonen und kleinen Preisen. In der Gemeinschaftküche kann man sich Kaffee kochen. Frühstück und Abendessen auf der weinberankten Dachterrasse mit Meerblick. *11 Zi. | İnönü Cad. 6 | İskele Mah. | Tel. 0324 8 14 11 61 | www.eserpansiyon.com | €*

MAMURE HOTEL

Am Yachthafen von Anamur in Bozyazı; eines der besten Mitteklasshotels der Gegend. Schöner Pool, gutes Restaurant. *42 Zi. | Yat Limanı | Bozyazı | 10 km östl. von Anamur | Tel. 0324 8 51 54 00 | www.hotelmamure.com | €€€*

INSIDER TIPP YALI MOCAMP

Campingplatz am Strand, 3 km nur außerhalb von Anamur, schattiges Gelände, Zelte und Bungalows; bequem mit dem Taxi zu erreichen. *Tel. 0324 8 14 14 35 | €*

AUSKUNFT

TURIZM DANIŞMA

Atatürk Cad. 64 | Tel. 0324 8 14 35 29 | Online-Broschüre: www.anamur.gen.tr

ZIEL IN DER UMGEBUNG

INSIDER TIPP KÖŞEKBÜKÜ MAĞARASI

● (140 A6) *(🕮 P7)*

20 km nördöstl. von Anamur in die Berge hinauf findet sich die 500 m² große Tropfsteinhöhle mit riesigen Stalaktiten; die konstanten Temperaturen um 17 Grad und 80 Prozent Luftfeuchtigkeit lindern Bronchialleiden. *Tgl. bis Sonnenuntergang | Eintritt 1,50 Euro | www.anamuronline.com | Dolmuş vom Busbhf.*

ANTAKYA

(143 E6) *(🕮 Z7–8)* **Antakya, die heutige Hauptstadt (170 000 Ew.) der Provinz Hatay, gehört neben İstanbul zu den ältesten ohne Unterbrechung bewohnten Städten der Türkei.**

> CITY **WOHIN ZUERST?**
> **Antakya Müzesi:** Man trifft sich am Archäologischen Museum in der Neustadt, das am zentralen Platz der Stadt liegt. Von hier gehen alle großen Straßen ab. Die Stadt wird vom Fluß Orontes geteilt; die Altstadt liegt auf der anderen Flussseite. Dort findet sich auch die Petrus-Grotte.

Das von einem der Feldherrn Alexanders des Großen nach dem Sieg bei Issos 333 v. Chr. gegründete Antiocheia war im 2. Jh. v. Chr. um ein Vielfaches größer als heute. Eine halbe Million Menschen lebten damals in der Stadt, die für ihren Reichtum berühmt war. 60 v. Chr. von den Römern erobert, wurde Antiocheia nach Rom und Alexandria die drittgrößte Stadt des Imperiums. Die Stadt war aber auch das erste Zentrum des Christentums nach Jerusalem. Hier soll Petrus in einer Grotte die erste christliche Gemeinde gegründet haben, die unter der Führung des Apostels Paulus zur größten christlichen Gemeinde ihrer Zeit wurde. Mehrere Erdbeben zerstörten die antike Stadt völlig. Um 1100 gründeten die Kreuzfahrer in Antiocheia ein eigenes Königreich, das knapp 200 Jahre Bestand hatte. Nach dem Ersten Weltkrieg gehörte Antakya zum französischen Protektorat Syrien und kam erst 1936 zur Türkei.

Heute ist Antakya eine der reichsten Städte der Türkei. Hier leben Muslime, Christen und Juden friedlich zusammen. Die verwinkelte orientalische Altstadt gehört zu den schönsten osmanischen Stadtkernen der Türkei. Allerdings leidet die Grenzstadt unter dem Bürgerkrieg in Syrien; es gibt viele Flüchtlinge, was für soziale Spannungen sorgt. Halten Sie sich von der unmittelbaren Grenzregion fern!

Prachtvolles römisches Bodenmosaik im Museum von Antakya

SEHENSWERTES

ANTAKYA MÜZESI (ARCHÄOLOGISCHES MUSEUM) ★

Das Stadtmuseum enthält nach dem Museum von Ravenna die größte Sammlung römischer Mosaiken weltweit. In fünf Sälen sind Mosaikfußböden und Wandmosaiken ausgestellt. Die Kunstwerke stammen hauptsächlich aus Antiocheia, aus Daphne, das zu römischer Zeit der Villenstandort der Reichen war, sowie aus der Hafenstadt Seleukia. *Di–So 8.30–12.30, 13.30–17.30 Uhr | Eintritt 5 Euro | Cumhuriyet Meydanı | Gündüz Cad. 1 | an der Hauptbrücke über den Fluss*

APOSTELKIRCHE ST. PETER ★ ●

Die Kirche besteht aus einem in der Kreuzritterzeit erbauten Portal, durch das man eine Grotte betritt, in der der Apostel Petrus der Legende nach wenige Jahre nach dem Tod von Jesus die erste Gemeinde, die sich Christen nannte, gegründet haben soll. Der Ort wurde

Die Apostelkirche St. Peter in Antakya ist seit 1983 Wallfahrtsort

vom Vatikan 1983 für heilig erklärt und gilt seitdem als Wallfahrtsort. Jedes Jahr am 29. Juni, dem Todestag von St. Peter, wird in der Grotte ein Festgottesdienst abgehalten. Am Ende der Grotte befindet sich ein Tunnel, der den ersten Christen als Fluchtweg diente. *Di–So 8–12, 13.30–16.30 Uhr | Eintritt 3,50 Euro | an der Straße nach Reyhanlı, 1 km vom Zentrum*

ESSEN & TRINKEN

Die meisten Lokale liegen rund um die Hürriyet Caddesi unweit des Flusses. Die Küche in Antakya ist arabisch beeinflusst und verwendet scharfe Gewürzte. Eine Spezialität sind die *Çiğ Köfte*, Bällchen aus Hackfleisch, das mit scharfen Gewürzen so lange geknetet wird, bis das Fleisch von selbst „kocht".

ABDO RESTAURANT

Hier wird hervorragende arabische Küche geboten. *Hüriyet Cad. 19a | Tel. 0326 2 12 75 46* | €

INSIDER TIPP ANTAKYA EVI RESTAURANT

In historischen Räumen bietet das *Maison d'Antioch* eine große Auswahl an Gerichten der lokalen Küche. *Silahlı Kuvvetler Cad. 3 | Tel. 0326 2 14 13 50* | €€

ÜBERNACHTEN

Antakya hat viele Hotels, auch Boutiquehotels in historischen Häusern. Billige Herbergen liegen in der İstiklal Caddesi.

INSIDER TIPP OTTOMAN PALACE

Neues Fünfsternehotel mit klassischer, neo-osmanischer Einrichtung, großem Pool und türkischem Bad. 10 km vom

Zentrum. *252 Sui. | Güngör Uydu Kent | Tel. 0326 2 55 16 16 | www.antakyaottomanpalace.com | €€–€€€*

SAVON
Aus einer alten Seifenfabrik machte das Ehepaar Sehoğlu ein schickes Hotel, mit komfortablen Zimmern, schönem Innenhof, Bar, Restaurant. *43 Zi., 3 Sui. | Kurtuluş Cad. 192 | Tel. 0326 2 14 63 55 | www.savonhotel.com.tr | €€€*

AUSKUNFT

TURIZM DANIŞMA
Vali Ürgen Alanı Sok. 47 | Tel. 0326 2 16 06 10

ZIELE IN DER UMGEBUNG

ANTIOCHEIA (143 E6) (*🕮 Z7*)
Vorbei an der Petrus-Grotte Richtung Reyhanlı zweigt nach 5 km eine unbefestigte Straße zur Festung ab. Die Burg wurde von den Byzantinern erbaut und später von Kreuzrittern genutzt. Einige Mauern und Wälle sind noch gut erhalten. *Von Antakya 15 km*

HARBIYE (DAPHNE) (143 E6) (*🕮 Z8*)
Das heutige Harbiye hieß in der Antike Daphne und war der Sommersitz der Reichen von Antakya. Zum Ort gehört ein Lorbeer- und Zypressenwald, der unterhalb der Hauptstraße beginnt und an einem Wasserfall vorbei in die Ebene führt. Der Legende nach stellte Apollo hier der Daphne nach, die sich vor Verzweiflung in einen Lorbeerbaum (türk. *Defne*) verwandelte. Heute ist der Hain ein beliebtes Picknickziel. Am Wasserfall finden sich etliche Lokale, z. B. das *Boğaziçi Restaurant (Tel. 0326 2 31 49 33 | €€). Von Antakya 9 km | Minibus vom Busbahnhof oder an der Kurtuluş Caddesi Dolmuş anhalten*

SAMANDAĞ (143 E6) (*🕮 Y8*)
Was früher Seleukia für Antiocheia war, ist heute Samandağ für Antakya: der Hafen- und Badeort der Stadt, den man nach einer Fahrt über die Berge hinunter erreicht. Nach Norden in Richtung Çevlik gelangt man nach wenigen Kilometern zur ehemaligen antiken Hafenstadt *Seleukia Pieria*. Von der Stadt selbst ist nicht mehr viel zu sehen. Geblieben ist ein beeindruckendes Zeugnis römischer Ingenieurskunst: Um die Hafenstadt vor Überschwemmungen aus den Bergen zu schützen, mussten jüdische Sklaven zur Zeit des Kaisers Vespasian und seines Sohnes Titus einen Kanal graben, der über 100 m lang auch als Tunnel durch den Berg führt. *25 km südwestl. von Antakya | Dolmuş vom Busbahnhof*

SILIFKE

(141 D5) (*🕮 T7*) **Silifke (60 000 Ew.) als Teil der Provinz Mersin ist ein geschichtsträchtiger Provinzort, dessen Gründung unter dem Namen Seleukia in die Zeit des Feldzuges Alexanders des Großen 300 v. Chr. zurückgeht.**

Die Bedeutung des antiken Seleukia ergab sich aus seiner strategischen Lage am Ende des Göksu-Flusstals, das nördlich von Silifke einen Durchgang durch das Taurusgebirge nach Zentralanatolien schuf, die „Kilikische Pforte". Durch diesen Pass zogen die Heere der Antike bis hin zu den Kreuzrittern auf dem Weg von Anatolien nach Mesopotamien, und hier verläuft noch heute die Hauptroute von der Küste zur mittelanatolischen Stadt Konya. Im Fluss Göksu, der damals Saleph hieß, ertrank Kaiser Barbarossa am 10. Juni 1190, was letztlich dazu führte, dass der dritte Kreuzzug zur Rückeroberung Jerusalems scheiterte. Von der stolzen Vergangenheit zeugt heute in Silifke nur noch die Burg über der Stadt. Die malerische Altstadt schmiegt sich unterhalb der Burg an den Hang. Das Zentrum mit Fischmarkt und Basar liegt rund um die noch aus römischer Zeit stammende *Taşköprü-Brücke* über den Göksu.

SEHENSWERTES

ARKEOLOJI MÜZESI (ARCHÄOLOGISCHES MUSEUM)

Die Attraktion des kleinen Museums sind Goldmünzen und Silberschmuck aus der Zeit Alexanders des Großen. Außerdem sind Webarbeiten, Trachten, Skulpturen und Keramiken ausgestellt. *Di–So 9–17 Uhr | Eintritt 2 Euro | an der Ausfahrtstraße nach Anamur*

AYATEKLA

Der Wallfahrtsort (Meryemlik) an der Straße nach Anamur ist nach der Heiligen Thekla benannt, einer frühen Christin, die sich hier in einer Höhle versteckte. Später nutzten die Urchristen die Höhle bis 313 als geheime Gebetsstätte. Heute ist sie zu einer unterirdischen Kirche ausgebaut. *Tgl. zu besichtigen, man muss evtl. nach dem Aufseher (Bekçi) fragen | Eintritt 1,50 Euro*

SILIFKE KALESI

Die Burg von Silifke wurde ursprünglich von armenischen Königen gebaut, später von den Johannitern genutzt. Der Weg zur Burg ist ein schöner Spaziergang durch die Altstadt. Vom INSIDER TIPP Café bei der Burg hat man eine schöne Aussicht auf Silifke und das Mündungsdelta des Göksu.

ESSEN & TRINKEN

Im Zentrum von Silifke gibt es viele der landesüblichen *lokantas*. Gute Fischrestaurants finden Sie im 8 km entfernten Ort *Taşucu* oder in der Feriensiedlung in *Kız Kalesi*, 25 km östlich von Silifke.

KALE RESTORAN

Das Lokal hoch auf dem Hügel neben der Burg bietet einen schönen Blick und hat vor allem Fleischgerichte im Angebot. *Kalenin Yanı* | €€

ÜBERNACHTEN

CLUB BARBAROSSA

Das beste Hotel im Ferienresort *Kız Kalesi*. Das Haus hat ein schönes Restaurant, am Abend wird es zuweilen laut. *79 Zi. | Kızkalesi-Erdemli | Tel. 0324 5 23 23 64 | www.barbarossahotel.com* | €€

ZEUS OTEL

Am Strand von Silifke in Taşucu liegt dieses schöne Mittelklassehotel mit großem Garten, Pool und eigenem Strandabschnitt. INSIDER TIPP Exkursionen ins Vogelschutzgebiet Göksu Delta. *25 Zi. | Taşucu Reşadiye Mah. | Sahil Cad. 87 | Si-*

LOW BUDG€T

In der Religionsstadt Antakya muss man einen Nachmittag in der Kurtuluş-Allee, im Dreieck Moschee, Kirche, Synagoge verbringen. Den Döner zum Mittag gibt's im preiswerten Restaurant *Abdo (tgl. | Hüriyet Cad. 19/A | Tel. 0326 2 12 75 46)*.

Der Bildhauer Abdullah Özalp fertigt in seinem Atelier in Antakya billige Kopien von antiken Figuren. Das örtliche Museum stellt ein „Unechtszertifikat" zum Ausführen aus! *Atölye A Heykeltıraş | Karyer Mah. | Harbiye Antakya | Tel. 0326 2 31 32 88*

lifke-Mersin | Tel. 0324 7413333 | www.zeusoteltasucu.com | €€

AUSKUNFT

TURIZM DANIŞMA
Veli Gürten Bozbey Cad. 6 | Tel. 0324 7145328

ZIELE IN DER UMGEBUNG

INSIDER TIPP CENNET VE CEHENNEM ÇÖKÜKLERI (141 E5) (*T7*)
Zwischen Silifke und Kız Kalesi zweigt bei Narlıkuyu eine Straße zu den Grotten von Cennet ve Cehennem („Paradies und Hölle") ab. Von den zwei großen Höhlen ist die untere, die „Hölle", nicht zugänglich. In der Antike glaubte man, dass hier der Eingang zur Hölle lag, der von dem schlangenköpfigen Typhon bewacht wurde. Über eine Felstreppe (450 Stufen) kommt man ins „Paradies", an dessen Eingang eine Kapelle steht. *Eintritt 3 Euro | 21 km von Silifke*

INSIDER TIPP DIOKAISAREA
(141 D4) (*T6*)
Nördlich von Silifke, nahe des Dorfes Uzuncaburç, liegt auf 1100 m Höhe im Hochland des südlichen Taurus die antike Kultstätte Diokaisarea mit dem *Tempel des Zeus Olbios*, von dem 30 große, frühkorinthische Säulen stehen geblieben sind. In einer schönen Berglandschaft ragen die 2300 Jahre alten Säulen in den Himmel, umgeben von weiteren Monumenten aus dem 3. Jh. v. Chr. wie dem *Tyche-Tempel. Eintritt 2 Euro | von Silifke über Demircili nach Uzuncaburç 28 km*

KIZ KALESI (141 E5) (*U7*)
Dieser Ferienort am Platz des antiken Korykos liegt gegenüber der ★ *Mädchenburg (Kız Kalesi)*, die 300 m vom Festland entfernt auf einer kleinen Insel steht. Der Legende nach brachte man hier einst die Tochter eines Sultans unter, um sie vor einem prophezeiten Schlangenbiss zu schützen. Das Mädchen wurde dann doch von einer Schlange gebissen, die in einem Obstkorb in die Burg gelangte. Tatsächlich war die Mädchenburg zu byzantinischen Zeiten durch einen Damm mit dem Festland verbunden, der zur Landburg gegenüber führte. Von der Landburg sind noch Wälle erhalten, im Innern finden sich Reste einer Kapelle. Von der antiken Stadt Korykos sind nur noch einige Sarkophage zu sehen. *Eintritt 2 Euro | von Silifke 35 km | Dolmuş oder Bus vom Busbahnhof*

Die „Mädchenburg" liegt vor Silifke auf einer Insel

ERLEBNISTOUREN

1 TÜRKISCHE SÜDKÜSTE PERFEKT IM ÜBERBLICK

START: ① Datça
ZIEL: ⑮ Antakya

Strecke:
➡ **1680 km**

10 Tage, mit Zwischenstopps länger
reine Fahrzeit ca. 30 Stunden

KOSTEN: 180 Euro für Benzin, 500 Euro/Pers. für Übernachtung, ca. 300 Euro/Pers. für Verpflegung
MITNEHMEN: Türkeikarte, Badesachen, feste Schuhe

ACHTUNG: Die Tour ist auch mit Überlandbussen zu bewältigen; zwischen den Städten an der Südküste gibt es gute Verbindungen. Beachten Sie vor Reisen ins türkisch-syrische Grenzgebiet die Reisewarnungen des Auswärtigen Amts *(www.auswaertiges-amt.de, Reise & Sicherheit).*

Jeder Zipfel dieser Erde hat seine eigene Schönheit. Wenn Sie Lust haben, die einzigartigen Besonderheiten dieser Region zu entdecken, wenn Sie tolle Tipps für lohnende Stopps, atemberaubende Orte, ausgewählte Restaurants oder typische Aktivitäten bekommen wollen, dann sind diese maßgeschneiderten Erlebnistouren genau das Richtige für Sie. Machen Sie sich auf den Weg und folgen Sie den Spuren der MARCO POLO Autoren – ganz bequem und mit der digitalen Routenführung, die Sie sich über den QR-Code auf S. 2/3 oder die URL in der Fußzeile zu jeder Tour downloaden können.

Die Tour startet in Datça, dem Hauptort auf der Reşadiye-Halbinsel, die wie ein langer Finger ganz im Westen der Küste in die Ägäis ragt. Sie führt über die Touristenmetropoloe Antalya an der gesamten Südküste entlang bis in den äußersten Osten vor die Grenze zu Syrien.

TAG 1
1 Datça

Von 1 Datça aus fahren Sie auf der Landstraße 400 über die Reşadiye-Halbinsel → S. 48 Richtung Marmaris. Die gesamte Halbinsel bietet noch viel unberührte Natur. Vor allem nach Norden hin, zur Bucht von Gökova, einem Fjord, der sich über fast 100 km landeinwärts

84 km

2 Bozburun

50 km

3 Marmaris

erstreckt, gibt es viele Wanderwege durch Kiefernwälder bis ans Meer. Ungefähr 20 km vor der Ferienstadt Marmaris führt eine kleine Straße über Hügel zu dem noch weitgehend unentdeckten Städtchen **2 Bozburun**, wo Sie in einem der Restaurants am Hafen zur Mittagspause sehr gut Fisch essen können. Zurück zur Hauptstraße erreichen Sie die Touristenhochburg **3 Marmaris** **→ S. 46**. Obwohl mittlerweile zu einer echten Stadt ausgebaut, ist Marmaris nach wie vor von schönen Wäldern umgeben. Sie liegt an einer der bestgeschützten großen Buchten der türkischen Küste. In den umliegenden kleineren Buchten kann man bis in den Winter hinein in türkisblauem Wasser schwimmen. Diese Lage ist auch der Grund, warum in Marmaris die größte Segelmarina der Türkei zu Hause ist. Wer daran denkt, an der Küste ein Boot zu chartern, ist hier genau richtig (Bootscharter über *www.master-yachting.de*). Für die Übernachtung empfiehlt sich das schöne Hotel **Anemon → S. 48**.

Von Marmaris aus geht es am zweiten Tag zunächst nach Köyceğiz und dann weiter nach Fethiye. Die Kleinstadt **④ Köyceğiz → S. 38** liegt an einem See, der über einen Fluss Zugang zum Meer besitzt. Fragen Sie im Hafen nach einer Bootstour zu den heißen Quellen und dem berühmten Schlammbad *(çamur banyosu)*. Durch das Schilfdelta fährt das Boot dann weiter an Dalyan vorbei zum **İztuzu-Strand**, der für seine Schildkröten berühmt ist. Die letzte Station des Tages ist **⑤ Fethiye → S. 39**. Von hier aus starten viele der traditionellen Holzsegler zur sogenannten Blauen Reise. Machen Sie für drei Tage einen Abstecher aufs Meer *(www.blauereise-tuerkei.com)*. Bleiben Sie danach noch eine Nacht im Hotel **Yacht Boutique → S. 43**, um am nächsten Tag noch die Lagune von **⑥ Ölüdeniz → S. 45**, einen der schönsten Sandstrände der Türkei, kennenzulernen. Oberhalb dieses sogenannten „Toten Meeres" kann man von dem über 1000 m hohen Berg **Babadağ** mit einem Paraglider spektakulär zur Bucht hinunterschweben *(www.skysports-turkey.com)*.

Von Fethiye folgen Sie der Küstenstraße 400 in südöstlicher Richtung. Ungefähr auf halber Strecke nach Kaş kommen Sie an **⑦ Patara → S. 60** vorbei, dem längsten Sandstrand an der ganzen Küste, wo Sie unbedingt ein Bad nehmen sollten. Das dann folgende Taucherparadies **⑧ Kaş → S. 62** liegt noch abseits der großen Touristenströme. Von dem idyllischen Ort aus stechen jeden Tag Boote in See, die tauchbegeisterte Besucher zu den Buchten von **Kekova → S. 65** bringen. Diese versunkene lykische Stadt kann man tauchend oder schnorchelnd erkunden *(www.kas-diving.com)*. Übernachten Sie in Kaş im Hotel **Aquarius → S. 64**.

Von Kaş aus führt die Küstenstraße weiter nach **⑨ Olympos → S. 68**. **Um das antike Olympos zu besuchen, verlassen Sie hinter Kumluca kurz die 400 und fahren über eine kleine Nebenstraße 20 km zum Meer hinunter nach Çıralı.** Von hier wandern sie dann einige Kilometer (ausgeschildert) zu den **Ewige Flammen** der Chimära (unterirdische Gasvorkommen). Nächste Station ist die Touristenme-

tropole ⑩ **Antalya** → **S. 51**, die in den letzten Jahren am schnellsten wachsende Stadt der Türkei. Wie ein Ruhepol in der Hektik der Großstadt liegt hinter der antiken Stadtmauer **Kaleiçi**, das alte Antalya aus der Zeit der Seldschuken. Die Holzhäuser rund um den historischen Hafen sind ein Juwel alttürkischer Architektur. Damit Sie hier am Hafen im Restaurant **Alp Paşa Konaği** → **S. 53** einen Abend genießen können, quartieren Sie sich in der Hotelanlage **Tekeli Konaklari** → **S. 56** ein.

Von Antalya bis Alanya erstreckt sich über 130 km die Türkische Riviera, der „deutsche" Badestrand in der Türkei überhaupt. Mittendrin steht der **Apollo-Tempel** von ⑪ **Side** → **S. 76**, einem Badeort, der schon in der Antike viele Fans hatte. Rund um Side sind die feinen Sandstrände endlos. Im Hinterland hat sich der Köprülü-Fluss in teils 100 m tiefen Schluchten durch den **Köprülü Kanyon** gegraben – ein wunderbares Revier für eine aufregende Raftingtour *(www.antalyaraftingturu.com | www.getyourguide.de)*. Hoch über der nächsten Tourstation ⑫ **Alanya** → **S. 70** thront **Alanya Kalesi**, eine ehemalige Seldschukenburg, die einen Besuch lohnt. Wer die Mühe nicht scheut, kann bei einer Wanderung hinauf zur Burg spektakuläre Ausblicke genießen. In Alanya leben viele deutsche Ruheständler, weswegen der Ort viele Serviceangebote speziell für deutsche Urlauber bietet.

Ab Alanya in Richtung Osten wird es zusehends ruhiger. **Über** ⑬ **Anamur** → **S. 84, den südlichsten Zipfel der Küste, fahren sie auf der Küstenstraße nach Silifke.** An diesem Teil der Küste sind türkische Badeurlauber noch fast unter sich. In Bananenhainen liegen verschlafene Feriensiedlungen und Kleinstäde; alte Burgen und ein grünes Hinterland bieten eine ruhige Kulisse zum Verweilen. Der berühmteste deutsche Kaiser des Mittelalters, Friedrich Barbarossa, ertrank am 10. Juni 1190 im Fluss Göksu, oberhalb des heutigen ⑭ **Silifke** → **S. 89**. Von Silifke aus können Sie den Fluss entlang zum Ort des tragischsten Badeunfalls der deutschen Geschichte wandern. Vor Silifke liegt ein ausgedehntes Delta mit langen Stränden und vielen Seevögeln. Exkursionen bietet das **Lades Motel** – eine einfache aber saubere Anlage, in der Sie auch die Nacht verbringen.

Von Silifke machen Sie einen großen Sprung an den Großstädten und Industriegebieten von Mersin, Adana und İskenderun vorbei. Kurz vor Mersin beginnt die Au-

tobahn E 90, die bis nach İskenderun führt. Von dort geht es über die E 91 weiter nach ⑮ Antakya → S. 86. Antakya ist die frühere römische Weltstadt *Antiocheia.* Deshalb besitzt das **Archäologische Museum** ein spektakuläre Mosaikensammlung, die die einstige römische Herrlichkeit zeigt, und mit der **Petrus-Grotte** eine der ältesten christlichen Kirchen überhaupt. Die Spuren der ältesten Zivilisationen des Orients laufen hier zusammen. In Antakya kann man im schönen, ortstypischen Hotel **Savon** übernachten.

⑮ Antakya

2 STREIFZUG UM DEN GOLF VON GÖKOVA

START: ① Marmaris ZIEL: ① Marmaris	6 Tage reine Fahrzeit 9 Stunden
Strecke: 500 km	

KOSTEN: 100 Euro für Benzin, 200 Euro/Pers. für Übernachtung, 120 Euro/Pers. für Verpflegung
MITNEHMEN: Auto- und Wanderkarte, Badezeug

ACHTUNG: Die Plätze für Autos auf der Fähre von Körmen nach Bodrum sind sehr begrenzt – rechtzeitig da sein!

Die Rundreise ab Marmaris durch den Südwestzipfel der Türkei führt einmal um den Golf von Gökova und bietet für jeden etwas: einsame Strände, lebhafte Ferienorte und antike Entdeckungen.

Sie starten von ① Marmaris → S. 46 **aus nach Westen in Richtung Datça.** Wenn nach 10 km die letzten Feriensiedlungen verschwunden sind, beginnt eine traumhaft schöne Strecke durch die Pinienwälder der **Reşadiye-Halbinsel** → S. 48. In engen Kurven zieht sich die Straße über die Berge und bietet immer wieder überraschende Ausblicke. **Nach 25 km kommt der erste Abstecher. Links zweigt die Straße nach ② Bozburun ab.** Das Fischerstädtchen mit den aktiven Werften für den Bau der *gulets,* der typischen Holzyachten für die Blaue Reise, zählt heute zu den wenigen noch authentischen Orten der Region. Am Hafen kann man vorzüglich zu Mittag essen, bevor man zur Hauptstraße zurück in Richtung Datça fährt. 10 km, nachdem Sie die Hauptstraße wieder erreicht haben, öffnet sich der Blick aufs Meer. Hier sollten Sie eine Pause machen, um auf

TAG 1–2
① Marmaris
51,5 km
② Bozburun
85,5 km

3 Datça

47,5 km

4 Knidos

53 km

TAG 3

5 Körmen

37 km

6 Bodrum

27 km

den nächsten Hügel zu steigen, denn die Halbinsel ist hier so schmal, dass Sie einen phantastischen Blick sowohl auf den Gökova-Golf im Norden als auch auf den Hisarönü-Golf im Süden haben. In **3 Datça** empfiehlt es sich, etwas vom Hafen entfernt, in Alt-Datça, in der Pension **Eski Datça** *(8 Zi. | Can Yücel Sokak 5/C-Muğla | Tel. 0252 712 24 32 | €€)* zu übernachten. Von Datça aus gibt es täglich Bootstouren nach **4 Knidos**, der antiken Stadt an der westlichen Spitze der Halbinsel. Hier schwimmen Sie vor der Kulisse eines antiken griechischen Theaters und wandern anschließend durch die weitverstreuten Ruinen rund um die ehemalige Hafenbucht. Planen Sie für diesen Ausflug einen ganzen Tag ein, und übernachten Sie noch einmal in Datça, bevor es am nächsten Tag wieder aufs Wasser geht.

Von Datça fahren Sie den kleinen Hafen 5 Körmen auf der Nordseite der Halbinsel am Gökova-Golf an. Hier legt die Fähre nach **6 Bodrum** ab. Auch hier empfiehlt es sich, zwei Nächte zu bleiben, um am ersten Tag die Stadt und die Burg zu besichtigen und dann den abendlichen Trubel dieser beliebten Ägäisstadt zu genießen. Quartieren Sie sich im **Manastır Hotel** *(58 Zi. | Barış Sitesi 37 | Kumbahçe Mahallesi | Tel. 0252 316 28 58 | www.manastirbodrum.com | €€)* ein, das Ihnen eine schöne Sicht über die Stadt bietet.

Verdiente Mittagspause am hübschen Hafen von Datça

Den zweiten Tag nutzen Sie für eine Tour über die vorgelagerte Halbinsel mit dem Ziel 7 **Gümüşlük**. Der unverbaute kleine Badeort liegt an der Westspitze der großen Bodrum-Halbinsel. **Sie folgen der Hauptstraße Richtung Turgutreis und biegen nach 20 km rechts in eine kleinere Straße nach Gümüşlük ab.** Diese endet nach 15 km am Meer, wo es mehrere schöne Fischrestaurants am Wasser gibt, und ein Kieselstrand zum Baden einlädt.

Von Bodrum aus geht es dann am kommenden Tag zunächst Richtung Nordosten über die 330 nach 8 Milas. Die Kleinstadt im Hinterland hat eine schöne Altstadt, die einen Besuch lohnt. Die zwei sehenswerten Moscheen, die **Firuz Bey Camii** und die **Ulu Camii**, wurden beide Ende des 14. Jhs. erbaut. **Von Milas aus geht es weiter über die 330 durch dichte Wälder in die Berge.** Beim Dorf Eskihisar liegt etwas versteckt das antike 9 **Stratonikeia**. Die Anlage aus dem 3. Jh. v. Chr. ist z. T. überwachsen und wirkt verwunschen.

Über Yatağan erreichen Sie auf der 550 die Provinzhauptstadt 10 Muğla, wo Sie sich für die sehenswerte osmanische Altstadt und einen Imbiss ein wenig Zeit nehmen sollten. Die Stadt ist der höchste Punkt dieser Rundreise; **von hier aus geht es knapp 30 km über eine teilweise atem-**

TAG 4

7 Gümüşlük

73 km

TAG 5–6

8 Milas

33 km

9 Stratonikeia

36 km

10 Muğla

26,5 km

⑪ Akyaka

32,5 km

① Marmaris

beraubende Serpentinenstrecke wieder hinunter an die Küste nach Gökova. Der kleine Ort ⑪ **Akyaka** bei Gökova liegt direkt an der Spitze des Golfs von Gökova und hat einen wunderbaren Badestrand. Übernachten Sie hier zum Abschluss im **Hotel Yücelen** *(Akyaka Beldesi Ula | €€)*. **Über die Straße 400 geht es am letzten Tag von Gökova zurück nach ① Marmaris**.

3 REISE IN DIE URCHRISTLICHE VERGANGENHEIT

START: ① Antakya
ZIEL: ① Antakya

Strecke:
220 km

3 Tage
reine Fahrzeit 4 Stunden, plus Wanderung 4 Stunden

KOSTEN: 50 Euro für Benzin, 75 Euro/Pers. für Übernachtung, 50 Euro/Pers. für Verpflegung
MITNEHMEN: Gute Türkeikarte, feste Schuhe, Badezeug

ACHTUNG: Man braucht ein robustes Auto mit genügend Bodenfreiheit für unbefestigte Straßen. Beachten Sie vor Reisen ins türkisch-syrische Grenzgebiet die Reisewarnungen des Auswärtigen Amts *(www.auswaertiges-amt.de, Reise & Sicherheit)*.

Die Rundreise führt durch Hatay, das Land des frühen Christentums, der Kreuzritter und Armenier, das heute durch arabische Einflüsse geprägt ist.

TAG 1
① Antakya

26 km

② Simon Manastırı

Sie starten in ① **Antakya** → S. 86, dem antiken Antiochia. In der einstmals römischen Metropole sollen im 1. Jh. sowohl Petrus als auch Paulus zeitweilig gelebt haben. **An der Ausfahrtstraße nach Reyhanlı,** der *Süreyya Halefoğlu Caddesi,* liegt am Rand des Zentrums die **Apostelkirche St. Peter** → S. 88, die sogenannte Petrus-Grotte. Nun gibt es in Anatolien zwar eine ganze Reihe von Höhlenkirchen aus der Frühzeit des Christentums, doch diese hat eine besondere Geschichte. Wenige Jahre nach Jesu Kreuzigung in Jerusalem soll der Apostel Petrus hier die erste christliche Gemeinde gegründet haben.

Zurück durchs Zentrum beginnt die Reise hinunter an die Küste nach Samandağ. Bevor Sie die 30 km hinunterfahren, machen Sie beim Ort Değirmenbası noch einen Abstecher zum Kloster ② **Simon Manastırı**. **Über eine**

ausgeschilderte Straße erreichen Sie nach 20 km ein Klosterareal, das zu Ehren des hl. Simon errichtet wurde, der hier über 40 Jahre auf einer Säule gelebt haben soll. **Zurück zur Straße nach Samandağ** geht es nun über eine terrassenförmige Landschaft hinab ans Meer. **3 Samandağ** → S. 89 ist der Hausstrand von Antakya. An diesem Strand, auf einem weißen Kalksteinhügel, steht ein alewitisches Heiligtum, das dem Mystiker Hızır gewidmet ist. Samandağ bietet sich für ein Bad und eine Mahlzeit am Strand an.

Frisch gestärkt **erreichen Sie in nördlicher Richtung über eine kleine Höhenstraße das armenische Dorf 4 Vakıflı**. Vakıflı ist einer der Schauplätze des berühmten Romans von Franz Werfel „Die vierzig Tage vom Musa Dag". Werfel schildert die Vertreibung der Armenier in der Endphase des Osmanischen Reichs am Beispiel der Bewohner der Dörfer auf dem Berg Musa (Moses). Von Vakıflı kann man eine schöne Wanderung auf den **Musa Dağı** unternehmen. Zum Ende des Tages checken Sie in **5 Samandağ** im **Anadolu Palace Hotel** *(30 Zi. | Deniz Sitesi | Tel. 0326 5 12 88 88 | www.anadolupalace.com | €€)* ein.

Am nächsten Tag starten Sie von Samandağ an der Küste entlang nach Norden. Zur antiken Stätte **6 Seleukia Pie-**

19 km

3 Samandağ

7 km

4 Vakıflı

7 km

5 Samandağ

5 km

TAG 2

6 Seleukia Pieria

50 km

7 Uluçınar

TAG 3

62 km

8 Bagras Kalesi

32 km

1 Antakya

ria gehörte auch der heute verlandete Hafen **Antiocheia**, der historisch bedeutsam war, weil von hier aus die Missionsfahrten des Paulus begannen. Heute ist von der alten Hafenstadt nicht mehr viel zu sehen. Die Attraktion ist der **Tunnel** von Vespasian und Titus, zwei römischen Kaisern (Vater und Sohn), die von jüdischen Sklaven einen Kanal graben ließen, der den Hafen vor Verlandung schützen sollte und 130 m als Tunnel durch den Berg führt.

Von Seleukia Pieria geht es weiter nach **Çevlik**. **Danach folgen die schwierigsten 30 km der Rundreise. Eine unbefestigte Straße zieht sich am Fuße der Berge direkt am Meer entlang.** Sie markiert das östliche Ende des Mittelmeeres. Der Wege führt erst zum Dorf **Karagöl** und dann zu den Ruinen einer Kreuzfahrerburg an der Spitze des Kaps **Akıncı Burnu**. **Ab hier wendet sich die Küste nach Nordosten, und die Straße wird in Richtung des Städtchens Uluçınar wieder besser.** 7 **Uluçınar** ist ein schöner Badeort, der sich für eine Übernachtung z. B. im **Hotel Arsuz** *(12 Zi. | Tel. 0326 6 43 24 44 | €€)* anbietet.

Von Uluçınar aus führt die Straße zunächst 30 km in Richtung İskenderun. Von der E 91 biegen Sie rechts nach Belen und Antakya ab. Die Straße führt hinauf zum Pass über die Nuh-Berge, wo man kurz vor Belen INSIDER TIPP einen tollen Blick aufs Meer und auf İskenderun hat. Bald hinter Belen (10 km) kommt ein kleiner, unbefestigter Abzweig zur Kreuzritterburg 8 **Bagras Kalesi**. In dem Kreuzritterstaat, den die Ritter des ersten Kreuzzugs 1098 mit dem Zentrum Antiocheia gründeten, war die Burg der Vorposten zum Schutz der Straße nach Antiochia. **Zurück an der Hauptstraße sind es noch gut 30 km bis** 1 **Antakya**.

Willkommen im Arsuz-Hotel in Uluçınar

4 HOHE BERGE, KÜHLE SEEN

START: 1 Antalya
ZIEL: 1 Antalya

Strecke:
610 km

3 Tage
reine Fahrzeit
12 Stunden

KOSTEN: 110 Euro für Benzin, 150 Euro/Pers. für Übernachtung, 120 Euro/Pers für Verpflegung
MITNEHMEN: Gute Türkeikarte, feste Schuhe, Badezeug

ACHTUNG: Sie brauchen ein robustes Auto (Allrad) mit Bodenfreiheit.

Die Rundreise nördlich von Antalya durch das Taurusgebirge zu den großen Seen ist ein Angebot vor allem an Naturliebhaber und (geübte) Wanderer.

TAG1
1 Antalya
115 km
2 Kovada Gölü
44 km
3 Eğirdir

TAG 2
119 km
4 Kızıldağ-Nationalpark

Von 1 Antalya → S. 51 **aus fahren Sie zunächst auf der Hauptstraße nach Alanya bis zur Landstraße 685, die kurz vor dem Fluss Aksu nach Norden abbiegt.** Die Straße folgt dem Fluss durch die Berge und passiert nacheinander zwei Stauseen, **Karaca Ören 1** und **Karaca Ören 2**. 10 km hinter dem zweiten Stausee geht bei dem Weiler Aşağıgökdere eine kleine Straße nach rechts ab, die Sie an den **2 Kovada Gölü**, einen See im gleichnamigen Naturschutzgebiet, bringt. Der Kovada-See wird durch einen natürlichen Kanal aus dem großen Eğirdir-See gespeist. INSIDER TIPP Um den See führt ein schöner Wanderweg (3–4 Std.), den man sich nicht entgehen lassen sollte. **Vom Kovada-See aus geht es weiter nach Norden den Kanal entlang bis zum nächsten See,** dem **Eğirdir Gölü**. Die Stadt **3 Eğirdir** ist eine schöne Provinzstadt mit historischem Kern und zwei vorgelagerten Inseln, die durch einen Damm mit dem Festland verbunden sind. Auf **Yeşilada** an der Spitze zum See hinaus kann man im **Mavi Göl Oteli** *(20 Zi. | Tel. 0246 3 11 64 17 | €)* preiswert und gut übernachten. Der See hat sauberes Wasser und eignet sich zum Baden.

Am zweiten Tag folgen Sie von Eğirdir aus der 330 über eine malerische Strecke am See entlang nach Norden in Richtung Akşehir. Nach ungefähr 100 km treffen Sie auf die 695, die Sie Richtung Beyşehir bis Şarkikaraağaç fahren, wo nach rechts eine kleine Straße abzweigt. Die führt zum **4 Kızıldağ-Nationalpark** am Westufer des **Beyşehir**

20 km

TAG 3

5 Yenişarbademli

57 km

6 Beyşehir

Gölü, des drittgrößten Sees der Türkei. Im Nationalpark gibt es Berghütten, die man für Übernachtungen mieten kann (*www.kizildagmilliparki.com*, Reservierungen unter *Tel. 0543 5009836*). Der Nationalpark ist ein Wanderparadies, der See eignet sich zum Schwimmen.

Am nächsten Tag folgen Sie dem Weg am See entlang weiter nach Süden bis 5 Yenişarbademli. Dieses Dörfchen steht an einem Platz, der bereits vor 4000 Jahren von Hethitern bewohnt war. Auf gleicher Höhe erhebt sich am See eine seldschukische Burg. Die Weg führt dann noch knapp 60 km am See entlang bis zur Stadt **6 Beyşehir**. Die Stadt, die dem See den Namen gab, bietet einige sel-

Einsames Schilfufer am weiten Beyşehir-See

dschukische Sehenswürdigkeiten, lädt aber vor allem dazu ein, am See zu Mittag zu essen, z. B. im Fischrestaurant INSIDER TIPP **Goker** *(Akseki Yolu 2 | Tel. 0332 5 12 25 22 | €)*. **Von Beyşehir geht es dann über die Landstraße 695 wieder nach Süden. Die Höhenstraße durchquert auf 180 km den Taurus, bis Sie kurz vor Manavgat wieder auf die Küstenstraße treffen. Von hier sind es Richtung Antalya nur noch 20 km bis 7 Side** **→ S. 76**, wo Sie nach der Einsamkeit der Bergwelt wieder den Rummel eines Touristenorts genießen und noch einen Blick auf den **Apollo-Tempel** am Strand werfen sollten. Zurück nach **1 Antalya** sind es dann noch 80 km auf einer Schnellstraße.

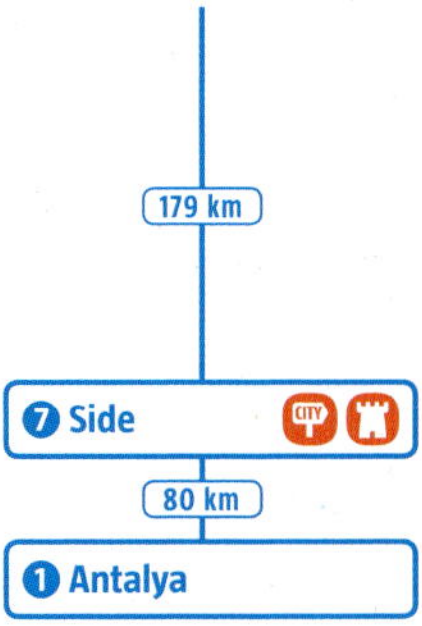

5 AUF DEM LYKISCHEN WANDERWEG

START: 1 Kaş
ZIEL: 6 Üçağız

3 Tage
reine Gehzeit
13 Stunden

Strecke: 35 km
leicht
Höhenmeter: 400 m

KOSTEN: 120 Euro/Pers. für Übernachtungen und Verpflegung
MITNEHMEN: Gute Wanderschuhe, Zelt, Campingausrüstung

ACHTUNG: Der Lykische Wanderweg ist rot gekennzeichnet. Die örtliche Bevölkerung ist an Wanderer gewöhnt und gibt gern Auskunft über den Weg. Für Notfälle ist ein Smartphone hilfreich.

Der Lykische Weg *(Likya Yolu)* führt über 500 km von Fethiye nach Antalya, teils direkt am Meer entlang, teils durch das Taurusgebirge im Hinterland. Er beginnt kurz hinter Fethiye im kleinen Ort Ovacık, endet kurz vor Antalya in Hisarçandır und durchquert die zauberhafte Landschaft des antiken Lykiens.

Wegweiser am Lykischen Wanderweg

Wer den gesamten **Lykischen Wanderweg** abwandern will, sollte gut vier Wochen Zeit mitbringen. Die Route ist für normaltrainierte Wanderer gedacht und erfordert keine alpinen Kenntnisse, auch wenn einzelne Etappen etwas schwieriger sind. Die Wanderroute ist in 25 Etappen unterteilt, die man jeweils an einem Tag schaffen kann. Start- und Endpunkte sind mit gelbgrünen Wegweisern und Kilometerangaben an größeren Straßen und in Ortschaften gekennzeichnet. Im Gelände sind Bäume und Felsen mit roten Strichen markiert. Grundsätzlich führt die gesamte Wanderroute mal unterhalb, mal oberhalb der großen Küstenstraße von Fethiye nach Antalya entlang, sodass es immer wieder Ein- und Ausstiegsmöglichkeiten gibt. Nur an einigen wenigen Passagen durch die Berge treffen Sie bis zu drei Tage lang auf keine größere Ortschaft. Ansonsten gibt es zumindestens in der Saison fast immer kleine Pensionen in den Dörfern, die Bed & Breakfast anbieten. Die besten Wanderzeiten sind das Frühjahr, der Frühsommer bis Mitte Juni und dann wieder ab Mitte September bis in den Spätherbst, Ende November. Für nicht besonders geübte Wanderer empfiehlt es sich, mit einem Teilstück in den Lykischen Wanderweg einzusteigen, das keine allzu schwierigen Steigungen vorsieht. Eine wunderbare 3-Tage-Tour ist die Strecke von Kaş nach Üçağız.

TAG 1

- ① Kaş
- 7 km
- ② Çoban Plajı
- 8 km
- ③ Körmen-Strand

Am ersten Tag starten Sie in ① Kaş **→ S. 62** **und wandern praktisch immer unmittelbar an der Küste entlang.** Sie passieren die schöne Bucht **Liman Ağzı** und können am Strand **② Çoban Plajı** ein Bad nehmen. Anschließend erreichen sie den kleinen Ort **Kalebelen**, der aber keine Übernachtungsmöglichkeiten bietet, weshalb es sich empfiehlt, 2 km weiter an einem schönen **③ Körmen-Strand** gegenüber der **Körmen-Insel (Körmen Adası)** ein Zelt aufzuschlagen. Jetzt haben Sie die ersten 15 km geschafft.

Die zweite Etappe (11,5 km) führt vom Körmen-Strand zu den Ruinen von Aperlai. Hier wendet sich der Weg kurz hinter dem Zeltplatz ins Landesinnere nach ❹ **Boğazcık**. Der Ort liegt 400 m über dem Meeresspiegel, der Anstieg ist aber moderat. Oberhalb von Boğazcık liegen die Ruinen von **Appolonia**, die sehenswert sind, dem Besucher aber nochmal eine Stunde Klettern abverlangen. Danach geht es wieder hinunter zum Meer zur antiken Stätte ❺ **Aperlai** an einer schönen, geschützten Bucht. In Aperlai bietet sich die Ökopension **Purple House** *(5 Zi. | Sıcak Yarımadası/ Kaleüçağız-Demre | €)*, auf deren Gelände man auch zelten darf, zur Übernachtung an.

Am letzten Tag geht es wieder zurück in die Zivilisation nach Üçağız (8,5 km). **Sie wandern zunächst über die Halbinsel Sıcakyarım, bis Sie am östlichen Ende wieder das Meer erreichen.** Ab hier geht es etwas oberhalb der Küste durch Weiden und Felder, bis in der Ferne die Minarette der Moschee von Üçağız auftauchen. In ❻ **Üçağız** → S. 65 gibt es mit der **Kekova Pansiyon** *(Üçağız Köyü 28 | Tel. 0242 8 74 22 59 | www.kekovapansiyon.com | €)* und der **Ekin Pansiyon** *(Üçağız Köyü 41/A | Tel. 0242 8 74 20 64 | www.ekinpension.com | €)* zwei Pensionen zur Auswahl. Ein Kleinbus fährt einmal am Tag nach Demre, von wo aus es dann weiter nach Antalya geht.

TAG 2

5 km

❹ Boğazcık

6,5 km

❺ Aperlai

TAG 3

8,5 km

❻ Üçağız

SPORT & WELLNESS

Die türkische Mittelmeerküste – das bedeutet für sportlich Aktive vor allem schwimmen, tauchen, segeln und Wasserski fahren.

Tatsächlich hat sich entlang der türkischen Küste das Angebot an sportlichen Aktivitäten längst weit über den Wassersport hinaus ausgedehnt. Von Golf über Paragliding, Wandern, Trekking und Rafting bis zu Reiten und Tennis spielen ist fast alles möglich. Auch auf das Sportangebot wirkt sich die Kombination von Meer und Bergen positiv aus. In Antalya kann man noch bis in den Frühsommer hinein Ski- und Badeurlaub miteinander verbinden. Ihr Hotel wird Ihnen bei der Buchung von Aktivitäten helfen oder bietet in der Regel selbst Touren und Projekte an.

CANYONING

Canyoning ist eine abenteuerliche Mischung aus Wandern und Klettern in Schluchten, das einiges an sportlichem Geschick und körperlicher Fitness voraussetzt. Das schönste Ziel dafür ist der *Saklıkent-Cañon* im Taurusgebirge zwischen Fethiye und Kaş. Der Cañon ist so schmal, dass die Sonnenstrahlen das Wasser des Flusses Eşen auf dem Grunde der Schlucht nicht erreichen. Zwischen Ein- und Ausgang des Cañons ist ein Höhenunterschied von immerhin 700 m zu überwinden. Spezialist für Touren im Taurusgebirge ist *Kesit Tourism (Demircikara Mahallesi | Narenciye Cad. 7/4 | Balta Sitesi | Antalya | Tel. 0242 3 22 44 40 | www.kesit.com)*.

 Bild: Segeln vor Marmaris

Das Sportangebot am türkischen Mittelmeer bleibt dank der Taurusberge nicht nur auf Wasseraktivitäten beschränkt

GOLF

Golfen kommt an der türkischen Südküste immer mehr in Mode. Vor allem in der Umgebung von Antalya wurden sehr viele neue Plätze angelegt. Das Mekka für Golfer ist aber nach wie vor *Belek*, ein luxuriöses Resort zwischen Antalya und Side. Empfehlenswert ist auch der *Gloria Golf Club (Acısu Mevkii | Tel. 0242 715 15 20 | www.gloria.com.tr)*: zweimal 18 Loch (par 72), einmal 9 Loch, 6288 m auf 110 ha.

MOUNTAINBIKING

Fahrradtouren entlang der Küste sind mittlerweile verbreitet. Eine wunderschöne Tour für Zweiradfreunde: INSIDER TIPP an alten Zedern vorbei auf einem 45 km langen Parcours rund um Kaş: *Bougainville Travel (İbrahim Serin Cad. 10 | Kaş | Tel. 0242 8 36 37 37 | www.bt-turkey.com)*. Anbieter für Mountainbike-Fans in Side: *Side Nar Travel (Atatürk Bulvarı 118b | Tel. 0242 753 34 17 | www.antalyabike.com)*.

PARAGLIDING

Einer der schönsten Plätze, um mit dem Gleitschirm zu schweben, ist *Ölüdeniz*. Der Sprung vom 2000 m hohen Babadağ ins Tal ist aber nichts für schwache Nerven und geschieht auf eigenes Risiko. *Skysports Paragliding Fethiye (Çarşı Cad. | im EG vom Tonoz Hotel | Tel. 0252 6 17 05 11 | www.babadag.com | www.skysports-turkey.com)*.

RAFTING

An der Südküste gibt es zwei Flüsse, die sich für Rafting eignen: der *Dalaman* nördlich von Dalyan und der *Köprüçay*, den man von Antalya aus erreicht. Der untere Teil des Dalaman ist auch für Anfänger geeignet. Die Veranstalter fahren die Gäste zum Ausgangspunkt des 12 km langen Parcours *(ca. 30 Euro)*. Der Köprüçay eignet sich vor allem im Sept./Okt. zum Rafting. *Aquarafting Turville (Kırcami Mah. | Perge Cad. 95/3 | Tel. 0242 3 11 48 45 | www.antalya-rafting.net)*.

REITEN

Ein Erlebnis ist ein INSIDER TIPP Ausritt am Strand von Patara. Der fast 20 km lange Strand ist oft menschenleer. Unterwegs kommt man an Bächen und antiken Ruinen vorbei: Die *Golden Pension (Tel. 0242 8 43 51 62)* vermittelt Touren. In der *Berke Ranch (27 Zi. | Hotel Berke Ranch | Akcasaz Mev. Çamyuva | Tel. 0242 8 18 03 33 | www.hotelberkeranch.com | €€€)* kommt man bequem unter; Ausritte auch für Nicht-Hotelgäste.

SEGELN

Die türkische Mittelmeerküste gehört zu den beliebtesten Segelrevieren Europas. Große Marinas gibt es in Marmaris, Bodrum, Fethiye und Antalya. Beliebter Ausgangspunkt für eine Chartertour ist Marmaris, weil man von hier aus in die Ägäis oder die Südküste entlang segeln kann. Info: *Deutscher Segler-Verband (Gründgensstr. 18 | 22309 Hamburg | Tel. 040 6 32 00 90 | www.dsv.org)*.

Ein besonderes Erlebnis: Ausritt am Strand von Patara

SKI FAHREN

Die INSIDER TIPP *Alm Saklıkent (von Antalya 49 km | Dolmuş vom Busbahnhof)* auf 1850 m Höhe nördlich von Antalya rühmt sich, das dem Meer und dem Äquator am nächsten gelegene Skigebiet der Welt zu sein. Die Abfahrten liegen auf 2500–2750 m Höhe. Übernachtung: *Saklıkent Ski Resort (95 Betten | Doyran Koyu | Saklıkent Mevkii | Tel. 0242 4 46 11 37 | www.saklikent.com.tr | €–€€)* und *Saklışale Pension (29 Betten | Tel. 0242 4 46 12 00 | €)*. Für Verpflegung sorgen das *Bakırlı Café-Restaurant (Tel. 0242 4 46 12 80 | €€)* und das *Sportland Café (Tel. 0242 4 46 10 73 | €€)*.

SURFEN

An der Türkischen Riviera wird zwischen Side und Alanya überall gesurft. Fortgeschrittene bevorzugen die Buchten auf der Südseite der *Datça-Halbinsel*, wo die Windverhältnisse sehr gut sind.

TAUCHEN

– Alanya: *Deep Sea Diving Center (Pal Cafe | Avsallar–Alanya | Tel. 0532 2 73 41 36 | www.deep-sea-diving.de)*
– Antalya: *Stingray Diving (The Marmara Hotel | Eski Lara Yolu 136 | Tel. 0242 3 16 04 30 | www.stingraydiving.com)*
– Dalyan: *Dalyan Dive Centre (Maras Mah. | Tel. 0555 4 12 54 38 | www.dalyandive.com)*
– Datça: *Manta Diving Center (Aktur Tatil Sitesi | Tel. 0252 7 24 66 54)*
– Fethiye: *European Diving Centre (Kordon Cad., Hukuk Sitesi 20 | Tel. 02526 14 97 71 | www.europeandivingcentre.com)*
– Kalkan: *DOLPHIN Scuba Team (Tel. 0242 8 44 22 42 | www.dolphinscubateam.com)*
– Kaş: *Diving Kaş (Tel. 0534 6 08 67 17 | www.divingkas.com)*
– Kemer: *MARTI Diving Center (Tekirova Grand Bazaar 6 | Tel. 0242 8 21 40 70)*
– Marmaris: *European Diving Center (Tel. 0252 4 55 47 33 | www.europeandivingcentre.com)*
– Side: *Scuba Side (im Hotel Turquoise Sorgun | Tel. 0242 7 56 97 20 | www.scubaside.com)*

TREKKING & WANDERN

Im Taurusgebirge ist der herrliche ● Lykische Wanderweg *(s. auch S. 105)* das Maß aller Dinge, aber es sind noch viele weitere Wanderungen aller Längen und Schwierigkeitsgrade möglich. Zwei der schönsten Ziele sind der Berg *Sandras* (2294 m) bei Muğla und das von Millionen von Schmetterlingen bevölkerte *Schmetterlingstal (Boote von Ölüdeniz aus | www.infethiye.net)* am Fuß des Babadağ bei Fethiye, dessen Eingang man nur mit dem Schiff erreicht.

WELLNESS

Das Hotel, in dem Sie absteigen, wird wahrscheinlich einen Spabereich haben. Zum Standard gehören türkische *(Hamam)* und finnische Bäder sowie Massage und Kosmetik. Vor allem die Golfhotels in Belek bieten hervorragende Wellnessbereiche. Was den Hamam angeht: Finden Sie statt der überteuerten neuen das alte Bad, das von Einheimischen besucht wird, und wo Sie, nach Geschlechtern getrennt, bewirtet werden. Übrigens: Friseurläden und Barbiere sind kleine Wellnessoasen. Massage und Ohren- und Nasenhaartrimmen gehört zu jeder Rasur; Frauen können ihre Augenbrauen zupfen *(kaş alma)* und oft auch im hinteren Raum eine Epilation mit Wachs *(ağda)* vornehmen lassen.

MIT KINDERN UNTERWEGS

Die Türkei ist ein kinderfreundliches Land, in dem der Nachwuchs einfach immer dazugehört. Man kann jedes Restaurant mit Kindern zusammen besuchen, und häufig nehmen sich die Kellner noch der lieben Kleinen an, damit man selbst in Ruhe essen kann.

Mittlerweile gibt es allerdings auch hier Hotels, in denen Kinder unter 16 Jahren nicht akzeptiert werden – fragen Sie vorher nach. In den großen Ferienanlagen jedoch gibt es häufig Miniclubs für die Kleinen, in denen geschultes Personal diverse Aktivitäten und Belustigungen für Kinder anbietet. Das ist für den Nachwuchs abwechslungsreich und gibt den Eltern die Möglichkeit, auch mal einen Nachmittag ohne Anhang in der Sonne zu liegen. Besonders kinderfreundliche Herbergen bieten sogar Tennis-, Schwimm- oder Surfkurse für Kinder an. Doch selbst wenn man nicht extra in einer auf Kinderbetreuung eingestellten Ferienanlage seinen Urlaub bucht – was gibt es Schöneres für Kinder, als mit Eimer und Schaufel bewaffnet den Tag am Strand zu verbringen? Dazu kommt die Möglichkeit, Ausflüge in Naturparks oder Museen zu unternehmen. Viele Nationalparks in den Taurusbergen sind landschaftliche Highlights, die mit interessanten historischen Stätten kombiniert sind. So bietet z. B. der *Termessos-Nationalpark* bei Antalya eine grandiose Naturkulisse, in der man einen Spaziergang spannend mit der Entdeckung antiker Stätten verbinden kann. Das *Archäologische Museum* von Antalya hat sich bereits

In der Türkei sind Kinder immer willkommen – die Kleineren sind auch am Strand mit Eimer und Schaufel zufrieden

auf Kinder eingestellt. Neben diesen traditionellen Möglichkeiten gibt es vor allem in den Tourismuszentren mehr und mehr kommerzielle, speziell auf Kinder zugeschnittene Einrichtungen. Besonders in Mode gekommen sind die *Aquaparks*, in denen sich Kinder auf langen Wasserrutschen vergnügen können.

Auf eins müssen Sie unbedingt achten: Nicht jeder Hotelpool ist, vor allem nachts, beaufsichtigt. Es kommt auch vor, dass der Poolabfluss kein Gitter mehr hat – das ist vor allem für Kleinkinder sehr gefährlich! Bei extrem hohen Temperaturen von über 30 Grad sollte man die Kinder keine leicht verderblichen Lebensmittel wie Mayonnaise, Sahne, Fisch oder Huhn essen lassen.

DER SÜDWESTEN

KANUTOUR AUF DEM EŞEN

(134 A–B 5–6) (*🕮 F6–7*)

Ein besonderes Vergnügen für die ganze Familie ist eine Kanu- oder Paddeltour auf dem Fluss Eşen. Im Unterschied zum

Rafting geht es dabei allerdings eher gemütlich zu – die Unternehmung ist deshalb auch für Kinder ungefährlich. Der Eşen kommt nördlich des großen Patara-Strandes aus dem Taurusgebirge und erreicht das Meer über den Strand. Eine Tour beginnt meist gegen 11 Uhr unter der Brücke in *Kınık*. Nach ca. 6 Stunden, in denen auch Pausen zum Schwimmen und Essen eingelegt werden, erreicht man am späten Nachmittag den Strand von Patara. Zum Abschluss der Tour wird meist noch ein Barbecue angeboten. Kanus und Schwimmwesten können bei verschiedenen Veranstaltern in Patara ausgeliehen werden *(ca. 20 Euro pro Person inkl. Barbecue)*. Anbieter: *Dardanos Turizm (Tel. 0242 8 43 51 09 | www.dardanostravel.com)*

Die Türkei ist ein kinderreiches und kinderfreundliches Land

ANTALYA / LYKISCHE KÜSTE

ANTALYA AQUARIUM (136 B6) *(🕮 K6)*
2012 eröffnet, bietet das Aquarium unzählige Unterwasserkreaturen und einen riesigen Tank mit über 5 Mio Litern Wasser. Durch einen 131 m langen und 3 m breiten Tunnel wandert man zwischen Hunderten (!) von Haien und anderen Meerestieren. Der Tunnel führt durch tropische Meere, Atlantis, ein Piratenschiffswrack und ein U-Boot-Wrack, das exotische Fischarten beherbergt. Neben dem Aquarium gibt es eine Schneelandschaft auf 1500 m² mit Iglus, dem Haus des Weihnachtsmanns und Cafés. Schwachpunkt: Die Eintrittspreise sind sehr hoch und die Becken noch etwas kahl. *Tgl. 10–22, Fr/Sa bis 23 Uhr | Eintritt Erw. ca. 20, Kinder (7–18 J.) 13 Euro, unter 6 J. frei | Arapsuyu Mahallesi | Dumlupinar Bulvari 502/bei Migros in Konyaalti | www.antalyaaquarium.com*

ARKEOLOJI MÜZESI
(136 B6) *(🕮 K5–6)*
Im Museum von Antalya gibt es eine eigene Kinderabteilung (hinter dem Eingang rechts), die erste ihrer Art in einem türkischen Museum. Es werden u. a. Spielzeug und schöne Spardosen ausgestellt. In den INSIDER TIPP Kinderwerkstätten dürfen die Kleinen bei der Restaurierung kleiner Gegenstände auch selbst Hand anlegen oder in Kursen töpfern und malen lernen. Über die Termine muss man sich vorab informieren. *Di–So Okt.–April 8.30–12.30, 13.30–17.30, Mai–Sept. 9–18 Uhr | Eintritt 3,50 Euro | Konyaaltı Cad. 88 | Tel. 0242 2 38 56 88 | www.antalyamuzesi.gov.tr*

AQUAWORLD KEMER
(135 E4–5) (🕮 J6)

Mitten im Ort liegt ein Paradies für kleine und große Wasserplantscher: Gigantische Rutschen – Namen wie „Kamikaze" und „Crazy River" sprechen für sich – und Pools auf einer Fläche von über 1000 m^2 sorgen für ganztägigen Spaß. Wenn die Kinder alt genug sind, um alleine zu toben, können Mama und Papa derweil in der Wellnessabteilung relaxen. Vorsicht: Weil man ständig im Wasser ist, unterschätzt man leicht die Wirkung der Sonne! *Mai–Okt. tgl. 9–23 Uhr | Deniz Cad. | Kemer | Tel. 0242 8 14 58 23 | Eintritt 10, Kinder (ab 7 Jahre) 5 Euro*

HÖHLENTOUR

Für größere Kinder empfiehlt sich eine Höhlentour rund um Antalya. Im Kalksteingebirge der Taurusberge gibt es ca. 500 Höhlen. Nicht alle sind für Besucher zugänglich. Die größte und interessanteste ist die *Karain-Höhle* (136 B5) (🕮 J5) an der Straße nach Burdur (27 km nordwestl. von Antalya). Sie wurde im Ersten Weltkrieg von dem Italiener Guiseppe Moretti entdeckt. Spuren menschlicher Existenz gehen hier 50 000 Jahre zurück. Die bei den Ausgrabungen gefundenen Stücke, u. a. Speerspitzen und Skelettteile, werden im örtlichen Museum ausgestellt. Auch in der *Beldibi-Höhle* (135 E4) (🕮 J6), ca. 30 km südwestl. von Antalya, gibt es Spuren aus paläolithischer Zeit, u. a. Wandbilder. In die *Damlataş-Höhle* (139 D4) (🕮 N6) bei Alanya sollen im Zweiten Weltkrieg deutsche Soldaten vor Gasangriffen geflüchtet sein. Nachdem der Aufenthalt Asthmatikern unter ihnen gut tat, wurde die Höhle zu einer Kurstätte für Menschen mit Atemnot. *Bis auf die Damlataş-Höhle nur mit dem Mietwagen zu erreichen | www.lochstein.de (Höhlengebiete: Türkische Riviera) | www.tuerkei-ferien.de*

MINICITY ANTALYA (136 B6) (🕮 K6)

In einer Parkanlage sind im Maßstab 1:25 prominente Bauwerke – Moscheen, antike Stätten, Schlösser – des Landes originalgetreu nachgebildet. Für die Kleinen ein großer Spaß! Vor allem das Trojanische Pferd begeistert. *Tgl. 8–19 Uhr | Eintritt 2,50, Kinder (7–12 J.) 1,80 Euro, bis 6 J. frei | Konyaalti, Arapsuyu Mah. | 600 Sok. | minicitypark.com*

TÜRKISCHE RIVIERA

PIRATENBURG ALANYA
(139 D4) (🕮 N6–7)

Der Burgberg von Alanya ist ein spannendes Ausflugsziel für etwas größere Kinder. Wer den Aufstieg zur Burg geschafft hat, kann aufregende Klettertouren über das alte Gemäuer unternehmen. *Tgl. 8–19 Uhr | Eintritt 5 Euro | www.alanya-tuerkei.de/alanya_burg.htm*

Beim Schnorcheln gibt es viel zu entdecken

EVENTS, FESTE & MEHR

Während in Touristenhochburgen im Sommer und Herbst Kultur- und Musikfestivals stattfinden, lädt das Hinterland zu traditionellen Treffen ein: Erntedankfeste, Stier- und Kamelkämpfe oder nur Tanz und Musik. Für Musik- und Ballettliebhaber ist eine Vorstellung im antiken Theater von Aspendos ein Erlebnis. Sportfreunde genießen in Marmaris die Yachtregatten oder die Schau der Paraglider in Fethiye.

RELIGIÖSE FEIERTAGE

Nach dem islamischen Mondkalender verschieben sich religiöse Feste jedes Jahr um 11 Tage nach vorn: **12.–15. Sept. 2016/1.–4. Sept. 2017** *Kurban Bayramı* (Opferfest), das höchste islamische Fest, dauert vier Tage; **6. Juni 2016/27. Mai 2017** Beginn des Fastenmonats *Ramadan;* **5.–7. Juli 2016/25.–27. Juni 2017** 3-tägiges *Zuckerfest* zum Ende des Ramadan

FESTE & VERANSTALTUNGEN

JANUAR

Kamelkämpfe: In Kale bei Kaş versuchen geschmückte Kamele, sich gegenseitig in die Knie zu zwingen

APRIL

Ostermessen in Antakya

Ölringkämpfe: Fast 1000 Ringer kämpfen in Antalza Kepez um den Meistertitel.

MAI

Regatten plus Beiprogramm in Marmaris; *www.miyc.org*

JUNI

★ ***Aspendos Opern- und Balettfestival:*** Kulturfest im antiken Theater von Aspendos; *www.aspendosfestival.gov.tr*

INSIDER TIPP ***Messe in der Petrus-Grotte:*** große Messe in der Apostelkirche St. Peter in Antakya am 29.; *www.anadolukatolikkilisesi.org*

JULI

Caretta-Caretta-Festival: Musik- und Kulturfest zu Ehren der Meeresschildkröte in Dalyan (1.–3.); *www.dalyancity.com*

Internationales Jazzfest Antalya: Jazzmusiker aus diversen Ländern treten in Antalya auf; *antalyacazfestivali.com*

AUGUST

Mandelernte: Erntefest auf der Halbinsel Datça (18.–21.)

Karneval in Konyaalti: Tanz, Musik, Kostümparties an Antalyas Stadtstrand

Ob Sommerfestival für Touristen oder traditionelles Fest: Hier wird das ganze Jahr über gern und viel gefeiert

Ringkämpfe von Karakucak: in Adana, auf der Kızıldağ-Alm, letzter So im Aug.

SEPTEMBER

Theater und Konzerte vor dem Apollo-Tempel in Side, 2 Wochen ab Mitte Sept.; *www.sidefestival.com*
Phaselis-Festival: Musikfestival (Klassik und Jazz) im Amphitheater von Phaselis; *www.ketav.org*

OKTOBER

Filmfestival Goldene Apfelsine: Filmfest in Antalya mit internationalen und türkischen Filmen; *www.altinportakal.org.tr*
Dreitägige ***Regatta*** der Holzyachten des Typs *Gulet* von Bodrum nach Marmaris
INSIDER TIPP ***Paragliding-Festival:*** Show der Glider am Babadağ in Ölüdeniz/Fethiye (5 Tage); *www.fethiyedays.com*

DEZEMBER

Der Weihnachtsmann kommt am 5./6. in Kale/Myra vorbei und nimmt an den ***Gottesdiensten*** in der St.-Nikolaus-Kirche teil. ***Weihnachtsmessen*** in den Kirchen von Antakya; *www.auslandsseelsorge.de*

FEIERTAGE

1. Januar	*Yılbaşı* (Neujahr)
23. April	*Ulusal Egemenlik ve Çocuk Bayramı* (Fest der Nation. Souveränität und der Kinder)
1. Mai	*Birlik ve Dayanısma Günü* (Tag der Einheit und Solidarität)
19. Mai	*Gençlik ve Spor Bayramı* (Tag der Jugend und des Sports)
30. August	*Zafer Bayramı* (Siegesfeier zum Ende des Unabhängigkeitskriegs 1922)
29. Oktober	*Cumhuriyet Bayramı* (Gründungstag der Türk. Republik 1923)

LINKS, BLOGS, APPS & CO.

LINKS & BLOGS

www.muze.gov.tr Das Museumsportal des Ministeriums für Kultur und Fremdenverkehr gibt ausführliche Informationen über die Hauptziele in der Region

www.ayt.at Die Seite beinhaltet neben Infos und Fotos einen Online-Stadtplan der Stadt Antalya mit ca. 700 Bus- und Dolmuş-Haltestellen, u. a. der Strecke zum Flughafen. Bei jeder Haltestelle ist aufgeführt, von welchen Bussen bzw. Minibussen sie angefahren wird

kircheinalanya.blogspot.com.tr Informationen, Nachrichten, Berichte und Predigten aus der christlichen Gemeinde deutscher Sprache in Alanya

www.tuerkei-zeitung.de Berichte und Nachrichten der Onlinepublikation auch von der Mittelmeerküste

www.deutsch-tuerkische-nachrichten.de Die informative Internetzeitung des Forums für Interkulturellen Dialog e. V.

www.dainst.org Die İstanbul-Abteilung des Deutschen Archäologischen Instituts stellt aktuelle Projekte vor und informiert mit Publikationen über ihre fortlaufenden Ausgrabungen in Anatolien

www.welt-der-antike.de Geschichten und Informationen zur Welt der Antike bis nach Antakya (auch in Kleinasien)

www.marcopolo.de/tuerkei-suedkueste Alles auf einen Blick zu Ihrem Reiseziel: interaktive Karten inkl. Planungsfunktion, Impressionen aus der Community, aktuelle News und Angebote

www.turkish-talk.com Das Deutsch-Türkische Forum hat viele interessierte User und bietet eine Fläche für den Austausch

tuerkeireisen.twoday.net Ein informativer Blog über die Türkeireisen und längeren Riviera-Aufenthalte eines deutschen Urlaubers

Egal, ob für Ihre Reisevorbereitung oder vor Ort: Diese Adressen bereichern Ihren Urlaub.

www.peterlill.de Der Wanderer Peter Lill hat sich auf den Lykischen Wanderweg begeben und auf seiner Homepage wertvolle Hinweise zusammengestellt

www.wasi-online.de Auch der Nürnberger Rainer Wasilewski beschreibt seine Wanderung auf dem Lykischen Weg (mit GPS-Daten zum Herunterladen und Fotos)

www.alanyahome.com Hier treffen sich Alanyafans, Urlauber, Auswanderer, Langzeiturlauber und alle, die an Alanya interessiert sind

www.tripwolf.com Reisetips, Fotos, Blogs und Bewertungen von Usern. Hintergrundberichte und die Möglichkeit, Unterkünfte und Aktivitäten zu buchen

www.lonelyplanet.com/thorntree Forum nicht nur für touristische Reisen, sondern auch für Work & Travel. Posten Sie Ihre eigenen Erfahrungen, Bewertungen, Fotos und Berichte

VIDEOS & MUSIK

www.segel-filme.de Segler laden hier ihre Videos, auch über die türkische Riviera, hoch

wn.com/hiddendatca Vier kurze Filme über Datça, den alten Ortskern und die Ausgrabungen in Knidos über mehrere Jahre

www.cirali.org/de Das Webportal mit nützlichen Informationen und Adressen in Çıralı/Olympos bietet auch einen sehr netten Film über „Die Meeresschildkröten und die Touristen" (auf Engl.)

APPS

Turkey's Mediterranean Coast Englischsprachige App mit Reiseinfos: Karten, Planung, Sicherheit, Gesundheit, Adressen

Cruising the Mediterranean App (engl.) für Kreuzfahrer und Segler. Infos über alle Kreuzfahrtschiffe, die im Mittelmeer unterwegs sind, über Segelrouten, Häfen und deren Infrastruktur sowie zu Ausflügen an Land

PRAKTISCHE HINWEISE

ANREISE

Die meisten Urlauber kommen mit dem Flugzeug. Mit Turkish Airlines *(www.turkishairlines.com)* erreichen Sie direkt oder mit Umsteigen in İstanbul jeden Flughafen der Türkei. Charterflüge gibt's ganzjährig nach İstanbul, İzmir und Antalya *(www.aytport.com)*. In der Saison können Sie direkt nach Dalaman oder Bodrum, seit 2013 auch nach Alanya-Gazipaşa *(www.gzpairport.com)* fliegen. Linienflüge kosten 400–500 Euro, Charter je nach Saison ab 120 Euro.

Für eine Fahrt mit dem Auto erkundigen Sie sich vorher beim ADAC *(www.adac.com)*. Seit Ende der Balkankriege kann man die Strecke über Kroatien und Serbien zwar wieder benutzen, es kann aber sinnvoller sein, über Ungarn und Rumänien zu fahren. Von Frankfurt bis İstanbul sind es rund 2000 km.

Die Fahrt mit dem Reisebus wird fast von allen großen deutschen Städten angeboten. Es ist meist die preisgünstigste Variante, in die Türkei zu kommen, bei einer Reisedauer von 50–60 Stunden aber auch sehr anstrengend.

Mit der Bahn reisen Sie via Wien nach İstanbul. Die Fahrt dauert über 40 Std. und kostet mehr als ein Charterflug. *www.fahrplan-online.de*

Angenehmer ist die Fahrt mit dem Schiff von Venedig oder Brindisi aus. Die Fahrt Venedig–İzmir dauert 2½ Tage und kostet mit dem Auto ca. 400, von Brindisi (1½ Tage) 300 Euro. *www.ankertravel.com | www.feribot.net*

GRÜN & FAIR REISEN

Auf Reisen können auch Sie viel bewirken. Behalten Sie nicht nur die CO_2-Bilanz für Hin- und Rückreise im Hinterkopf *(www.atmosfair.de; de.myclimate.org)* – etwa indem Sie Ihre Route umweltgerecht planen *(www.routerank.com)* – , sondern achten Sie auch Natur und Kultur im Reiseland *(www.gate-tourismus.de; www.ecotrans.de)*. Gerade als Tourist ist es wichtig, auf Aspekte wie Naturschutz *(www.nabu.de; www.wwf.de)*, regionale Produkte, wenig Autofahren, Wassersparen und vieles mehr zu achten. Wenn Sie mehr über ökologischen Tourismus erfahren wollen: europaweit *www.oete.de*; weltweit *www.germanwatch.org*

AUSKUNFT

TÜRKISCHES FREMDENVERKEHRS- UND INFORMATIONSAMT

– Deutschland (Baseler Str. 37 | 60329 Frankfurt/M. | Tel. 069 23 30 81 | 069 23 30 82 | www.reiseinfo-tuerkei.de)
– Österreich (Singer Str. 2/8 | 1010 Wien | Tel. 022 5 12 21 28 | 022 5 12 21 29 | www.turkinfo.at)
– Schweiz (Talstr. 74 | 8002 Zürich | Tel. 04 42 21 08 10 | www.tuerkeitourismus.ch)

AUTO

Für die Einreise mit dem Auto benötigen Sie Ihren nationalen Führerschein, den

Von Anreise bis Zoll

Urlaub von Anfang bis Ende: die wichtigsten Adressen und Informationen für Ihre Reise an die Türkische Südküste

Fahrzeugschein und eine grüne Versicherungskarte. Bei der Einreise wird das Auto im Pass eingetragen – Sie müssen bei der Ausreise darauf achten, dass es auch wieder ausgetragen wird. Höchstgeschwindigkeit: in Ortschaften 50, außerhalb 90, auf Autobahnen 120 km/h. Es besteht Gurtpflicht und ein absolutes (!) Alkoholverbot. Informationen und Karten beim Türkischen Touring- und Automobilclub *TTOK İstanbul (Tel. 0212 2828140)*.

BANKEN & GELDWECHSEL

Öffnungszeiten der Banken: 9–12 und 13–17 Uhr. Bankfilialen mit dem Schild *Öğlen Açık* machen keine Mittagspause, Bankfilialen in Einkaufszentren haben länger auf. Fast alle Banken haben Geldautomaten, an denen Sie mit Ihrer EC- oder Kreditkarte rund um die Uhr Geld ziehen können; in Urlaubsorten geben viele Automaten auch Euro aus. Achtung: Einzelne deutsche Banken haben ihre EC-Karten aus Sicherheitsgründen für den Einsatz außerhalb der Eurozone gesperrt; erkundigen Sie sich vorher bei Ihrem Geldinstitut! Wenn Sie Bargeld tauschen wollen, gehen Sie zu einem Devisenbüro *(Döviz bürosu);* dort bekommen Sie einen besseren Kurs als bei der Bank. Tauschen Sie kein Geld im Heimatland, der Kurs ist immer schlechter als in der Türkei. In Großstädten und an der Küste werden fast überall Euros angenommen.

BUS

Das übliche Reisegefährt in der Türkei ist immer noch der Reisebus. Jede Stadt hat ihr Busterminal *(garaj* bzw. *otogar)*, und Busse fahren praktisch in jeden Winkel des Landes. Um das Unfallrisiko zu minimieren, empfiehlt es sich, renommierte Busunternehmen wie *Ulusoy (www.ulusoy.com.tr)* oder *Varan (www.varan.com.tr)* zu wählen. Vom Busbahnhof aus verkehren auch Minibusse zu den Zielen in der Umgebung.

WAS KOSTET WIE VIEL?

Kaffee	**1,50 Euro** *für eine Tasse Nescafé*
Imbiss	**1,75 Euro** *für einen Döner*
Simit	**35 Cent** *für einen Sesamkringel*
Bier	**3,50 Euro** *für eine Flasche im Restaurant*
Benzin	**1,90 Euro** *für einen Liter Super*
Hamam	**25 Euro** *mit Anwendungen*

CAMPING

Die schönsten Campingplätze der Türkei sind die staatlich betriebenen sogenannten „Waldlager" *(Orman Kampı)*, die dem Forstministerium unterstellt sind und in der Regel auch in einem Schatten spendenden Wäldchen liegen. Sie verfügen über eine gute Infrastruktur, u. a. über Telefon, Kiosk und Laden, Kochstelle, Waschküche, Duschen mit Warmwasser und eine Abwassergrube für Wohnmobile. *www.camping.info*

GÖKOVA ORMAN KAMPI
(133 D4) *(🗺 D5)*
In schöner Bucht am Dorf Akyaka; schattig. Platz für 300 Zelte und 70 Wohnwagen. *Akyaka Köyü | Akyaka | Tel. 0252 2 46 50 35 | Juni–Aug.*

KATRANCI ORMAN KAMPI
(133 E6) *(🗺 F6)*
Schöne Anlage unter Bäumen, 10 km von Fethiye am Meer gelegen. *Fethiye-Muğla Yolu | Katrancı | Tel. 0252 4 63 64 06 | Juni–Okt.*

KINDILÇEŞME ORMAN KAMPI
(135 E5) *(🗺 J7)*
Im Nationalpark Beydağları am Olympos-Strand, schattig. *Beydağları (Olympos) Milli Parkı | Kemer | Tel. 0242 8 14 10 75 | Jan. geschl.*

DIPLOMATISCHE VERTRETUNGEN

DEUTSCHES KONSULAT ANTALYA
(135 F3) *(🗺 K5–6)*
Çağlayan Mahallesi | Barınaklar Bulvarı 60 | Tel. 0242 3 14 11 01 | 0242 3 14 11 02 | www.antalya.diplo.de; Notruf (Mo–Fr 17–24, Sa/So 8–24 Uhr): Tel. 532 7 87 40 95 und durchgehend per SMS

HONORARKONSUL ADANA
(142 C3) *(🗺 X5)*
Paksoy A. Ş. | Karataş Yolu 184 | Tel. 0322 3 11 48 30

ÖSTERREICHISCHES HONORARKONSULAT ANTALYA
c/o Barut Hotels Lara Resort Spa & Suites | Güzeloba Mahallesi | Tesisler Cad. 170 | Tel. 0242 3 52 22 00 | Tel. Notruf 0312 4 05 51 93 | antalyafahrikonsolosluk@baruthotels.com

SCHWEIZER BOTSCHAFT
Atatürk Bulvarı 247 | 06680 Kavaklıdere | Ankara | Tel. 0312 4 57 31 00 | www.eda.admin.ch/turkey | helpline@eda.admin.ch

WÄHRUNGSRECHNER

€	TRY	TRY	€
1	2,93	1	0,34
2	5,86	2	0,68
3	8,79	3	1,02
4	11,72	5	1,70
5	14,65	7	2,38
7	20,50	10	3,40
8	23,44	15	5,10
9	26,37	25	8,50
10	29,30	50	17,00

DOLMUŞ

Preiswert – nur etwa ein Drittel des Taxipreises – sind Fahrten mit dem Sammeltaxi (gesprochen: Dolmusch). Die Kleinbusse oder Großraumtaxen fahren bestimmte Strecken in der Stadt oder ins Umland und halten auf Zuruf an jeder gewünschten Stelle. Sagen Sie, wo Sie hinwollen, und lassen Sie sich dann den Preis nennen.

EINREISE

Deutsche und Schweizer brauchen für einen Aufenthalt von unter drei Monaten nur den Reisepass oder Personalausweis. Den Einreiseschein mit dem Stempel müssen Sie aufheben! Österreicher müssen bei der Einreise ein Visum erwerben oder vorher online beantragen.

FOTOGRAFIEREN

Das Ablichten von Militär oder militärischen Einrichtungen ist prinzipiell verboten. Verschleierte Frauen sollten Sie nicht fotografieren und auch in konservativen Vierteln die Kamera lieber in der Tasche lassen. Ansonsten lassen sich die meisten Menschen gern porträtieren.

GESUNDHEIT

Das Leitungswasser in der Türkei – vor allem in den Großstädten – eignet sich nicht zum Trinken. Nehmen Sie sich immer eine Flasche Mineralwasser mit aufs Hotelzimmer. In staatlichen Krankenhäusern (SSK) und Gesundheitsstationen *(sağlık ocağı)* werden Sie mit einem für die Türkei ausgestellten Auslandskrankenschein kostenlos behandelt. Einfacher und deshalb empfehlenswert ist es jedoch, eine zusätzliche Reiseversicherung abzuschließen. Privatkliniken sind meist besser ausgestattet, allerdings werden die Rechnungen in Deutschland nur sehr eingeschränkt erstattet. In Apotheken *(eczane)* erhalten Sie viele gängige Arzneimittel preiswerter als in Deutschland.

Deutschsprachige Ärzte in Antalya:
– Allgemein: *Allgemeinarzt: Prof. Dr. Hakan Yaman (Uniklinik | Dumlupınar Bulvarı | Kampüs/Antalya | Tel. 0242 2 49 60 00 | Handy 0536 3 20 99 33 | hakanyaman@akdeniz.edu.tr)*
– Augen: *Augenarzt: Dr. Naciye Melikoğlu (100. Yıl Bulvarı 26 | Tel. 0242 2 47 97 17 | Handy 0532 6 18 17 18)*
– HNO: *HNO-Arzt: Dr. Cabir Ertuğ (Güzeloba Mahallesi | Havaalanı Cad., Sevinç Sokak 9 | Muratpaşa/Antalya | Tel. 0242 3 49 40 40 | Handy 0532 3 13 06 90)*
– Kinderarzt: *Kinderarzt: Dr. Mürüvet Kıvran (Güllük Cad. 52/1 | Tel. 0242 2 42 98 49 | Handy 0532 5 59 08 68)*

HAUSTIERE

Für Hunde und Katzen benötigt man zur Einreise einen sogenannten EU-Heimtierausweis und ein Gesundheitszeugnis. Beides bekommt man beim Tierarzt. Das Haustier muss mindestens 15 Tage und höchstens 6 Monate vor Reisebeginn gegen folgende Krankheiten geimpft sein: Tollwut, Staupe, Parvovirose, Leptospirose und Hepatitis. Die Impfbescheinigung muss auch in englischer Sprache vorliegen. Vorher sollten Sie sich beim Hotel erkundigen, ob Haustiere akzeptiert werden.

INTERNET

Fast alle Hotels haben ADSL und WLAN kostenlos auf den Zimmern, zumindest aber in der Lobby. Auch viele Cafés und Restaurants bieten WLAN (Fragen Sie nach dem Passwort). Im Netz gibt's viele informative Websites *(s. auch S. 118/119)*:
www.auswaertiges-amt.de/diplo/de/Laender/Tuerkei.html – Das Auswärtige Amt Berlin informiert über den letzten Stand im Reiseland
www.kulturturizm.gov.tr – Infoseite des Kultur- und Tourismusministeriums der Türkei, auch in Deutsch
www.ratgeber-tuerkei.de – Landeskunde von A bis Z
www.in-die-tuerkei.de – Reisetipps und Informationen rund um Ihre Türkei-Reise
www.hotelinfo-tuerkei-de – über 1000 Hotels mit Buchungsmöglichkeit und Last-Minute-Angeboten
www.atr-zeitung.com – „Aktuelle Türkei Rundschau": deutsche Wochenzeitung mit Infos und Adressen
www.tuerkei-zeitung.de/AktuelleAusgabe.htm – „Prima Türkei": 14-tägiges deutsches Anzeigenblatt für die türkische Riviera

KLIMA & REISEZEIT

Die Hochsaison an der Küste dauert von Anfang Mai bis Ende Oktober, man kann aber auch im November und Dezember meist noch gut baden. Im Juli/August ist es sehr heiß. Im Winter gibt es an der gesamten Küste manchmal sintflutartige Regenfälle.

MIETWAGEN

Ein Mietwagen kostet ab 35 Euro (inkl. Vollkasko und Kilometer) pro Tag. Es ist oft bequemer, ein Auto bereits in Deutschland zu buchen. Rent-a-Car in Antalya: *AVIS (Tel. 0242 2416693 | www.avis.com.tr); Budget (Tel. 0242 2433006 | www.trbudget.com)*. Überall gibt es jedoch örtliche Rent-a-Car-Firmen mit günstigen Angeboten. Man nimmt den Wagen mit leerem Tank entgegen und kann ihn dann auch ebenso wieder abgeben.

NOTRUF

Polizei: *Tel. 155*, *Feuerwehr*: *Tel. 110*, *Notarzt*: *Tel. 112*, Jandarma (Gendarmerie auf dem Land): *Tel. 156*

POST

Post heißt Ptt, und die Poststellen sind in der Regel wochentags 8–17 Uhr geöffnet. Hauptpostämter haben aber oft bis in die Nacht auf. Brief bzw. Postkarte: ca. 60 Cent.

STROM

Netzspannung ist 220 Volt Wechselstrom, für Ihre Stecker brauchen Sie keinen Adapter. In entlegenen Orten müssen Sie hin und wieder mit Strom-

WETTER IN ANTALYA

	Jan.	Feb.	März	April	Mai	Juni	Juli	Aug.	Sept.	Okt.	Nov.	Dez.
Tagestemperaturen in °C	15	16	18	21	25	30	34	34	31	26	21	17
Nachttemperaturen in °C	6	7	8	11	15	19	23	23	19	15	11	8
Sonnenschein Stunden/Tag	5	5	7	8	10	12	12	12	10	8	7	5
Niederschlag Tage/Monat	11	9	6	4	3	1	0	0	1	4	5	11
Wassertemperaturen in °C	16	16	16	17	20	23	25	27	26	23	20	18

 Sonnenschein Stunden/Tag Niederschlag Tage/Monat Wassertemperaturen in °C

ausfällen rechnen. Taschen- und Leselampen sind nützlich. Ladegeräte für die gängigen Handymarken sind überall erhältlich.

TAXI

Taxifahren ist relativ preiswert. Bestehen Sie darauf, dass das Taxameter eingeschaltet ist. Tagsüber erscheint *gündüz*, nach 24 Uhr *gece;* der Nachttarif (bis 6 Uhr) ist mancherorts um 50 Prozent teurer. In Kleinstädten gilt ein höherer Grundpreis als in Großstädten. In manchen Städten nehmen Taxifahrer gesetzlich 50 Prozent mehr, wenn sie zum Flughafen hinausfahren.

TELEFON & HANDY

Für die türkisfarbenen Telefonzellen der *Türk Telekom* braucht man Telefonkarten, die an Postämtern und Kiosken erhältlich sind. Mit der *TT Kart* (zu 5, 10 oder 25 Lira) telefoniert man wesentlich billiger ins Ausland.

Vorwahl für Deutschland *0049;* für Österreich *0043;* für die Schweiz *0041;* für die Türkei *0090*.

Handys sind in der Türkei sehr gebräuchlich; das Handynetz ist gut ausgebaut. Deutsche Handys funktionieren über Roaming-Abkommen meist problemlos; es ist aber immer noch sehr teuer, sie zu benutzen. Auch wenn Sie angerufen werden, zahlen Sie den halben Preis selbst. Erkundigen Sie sich zu Hause nach den besten Tarifpaketen.

TOILETTEN

In der Türkei ist die mediterrane Hocktoilette noch in Gebrauch. Das gilt für Gaststätten auf dem Land, an Raststätten oder auf Fähren. In den Urlaubsorten ist jedoch die normale Alafranga-Version verbreitet. „Herren" heißt *Bay* oder *Erkek* und „Damen" *Bayan* oder *Kadın*.

TRINKGELD

In Hotels und Restaurants sind Trinkgelder (ca. 10 Prozent) üblich und werden auch erwartet, bei Taxifahrten dagegen nicht.

WÄHRUNG

Die Währungseinheit ist die Türkische Lira (TL). Es gibt 200-, 100-, 50-, 20-, 10- und 5-Lira-Scheine sowie Münzen zu 1 Lira sowie 50, 25, 10 und 5 Kurusch. Eine Lira entspricht zzt. 35 Cent.

ZEIT

Die Türkei ist Mitteleuropa 1 Std. voraus. Das gilt auch für die Sommerzeit, die in der Türkei zeitgleich gilt.

ZOLL

Ausländische und türkische Währung darf unbegrenzt eingeführt werden. Für Teppiche oder andere Wertgegenstände, die Sie in der Türkei erworben haben, müssen Sie eine Quittung zeigen. Vorsicht mit echten Antiquitäten: Stücke die älter als 100 Jahre sind, dürfen generell nicht ausgeführt werden! Die Ausfuhr antiker Steine oder anderer Altertümer ist streng verboten. Das gilt auch für Fossilien. Selbst Stücke, die Sie für relativ wenig Geld bei einem Straßenhändler erworben haben, können Probleme machen. Aktuelle Info: *www.zoll.de*.

Bei der Wiedereinreise in EU-Staaten dürfen Waren im Wert von 430 Euro (bei Flugreisen) sowie u. a. 200 Zigaretten, 1 l Spirituosen und 2 l Wein zollfrei eingeführt werden. Für die Schweiz gelten andere Bestimmungen.

SPRACHFÜHRER TÜRKISCH

AUSSPRACHE

ı	nur angedeutetes „e" wie in „bitten, danken", Bsp.: ırmak
c	wie in „Ingenieur", Bsp.: cam
ç	wie in „Tscheche, deutsch", Bsp.: çan
h	wie in „Bach, noch", Bsp.: hamam
ğ	„Dehnungs-g", wird nicht ausgesprochen. Entspricht deutschem „Dehnungs-h" in „Zahn", Bsp.: yağmur
j	wie in „Garage, Loge", Bsp.: jilet
ş	wie in „schön, Tisch", Bsp.: şeker
v	wie in „Wasser, Violine", Bsp.: vermek
y	wie in „jeder", Bsp.: yok
z	wie in „lesen, reisen", Bsp.: deniz

AUF EINEN BLICK

ja/nein/vielleicht	evet/hayır/belki
Bitte./Danke.	Lütfen./Teşekkür. (ederim) oder Mersi.
Entschuldige!/Entschuldigen Sie!	Afedersin!/Afedersiniz!
Ich möchte .../Haben Sie ...?	... istiyorum/... var mı?
Wie viel kostet ...?	... ne kadar? Fiyatı ne?
Das gefällt mir (nicht).	Beğendim./Beğenmedim.
gut/schlecht	iyi/kötü
kaputt/funktioniert nicht	bozuk/çalışmıyor
zu viel/viel/wenig	çok fazla/çok/az
alles/nichts	hepsi/hiç
Hilfe!/Achtung!/Vorsicht!	İmdat!/Dikkat!/Aman!
Krankenwagen/Polizei/Feuerwehr	ambulans/polis/itfaiye

BEGRÜSSUNG & ABSCHIED

Gute(n) Morgen!/Tag!/ Abend!/Nacht!	Günaydın!/İyi Günler!/ İyi Akşamlar!/İyi Geceler!
Hallo!/Auf Wiedersehen!	Merhaba!/Allaha ısmarladık!
Tschüss!	Hoşçakal (Plural: Hoşçakalın)/Bye bye!
Ich heiße ...	Adım ... oder İsmim ...
Wie heißen Sie?	Sizin adınız ne?/Sizin isminiz ne?
Wie heißt Du?	Senin adın ne?/Senin ismin ne?
Ich komme aus ...	... den/dan geliyorum.

Türkçe biliyor musun?

„Sprichst du Türkisch?" Dieser Sprachführer hilft Ihnen, die wichtigsten Wörter und Sätze auf Türkisch zu sagen

DATUMS- & ZEITANGABEN

Montag/Dienstag/Mittwoch	Pazartesi/Salı/Çarşamba
Donnerstag/Freitag/Samstag	Perşembe/Cuma/Cumartesi
Sonntag/Werktag	Pazar/İş günü
Feiertag	Tatil Günü/Bayram
heute/morgen/gestern	bugün/yarın/dün
Stunde/Minute	saat/dakika
Tag/Nacht/Woche	gün/gece/hafta
Monat/Jahr	ay/yıl

UNTERWEGS

offen/geschlossen	açık/kapalı
Eingang/Einfahrt	giriş/garaj kapısı
Ausgang/Ausfahrt	çıkış/garaj çıkışı
Abfahrt (Abflug)/Ankunft	kalkış/varış
Toiletten/Damen/Herren	tuvalet (WC)/bayan/bay
(kein) Trinkwasser	içme suyu (değil)
Wo ist ...? /Wo sind ...?	Nerede ...?/neredeler ...?
links/rechts	sol/sağ
geradeaus/zurück	ileri/geri
nah/weit	yakın/uzak
Bus/Straßenbahn/U-Bahn/Taxi	otobüs/tramvay/metro/taksi
Haltestelle/Taxistand	durak/taksi durağı
Stadtplan/(Land-)Karte	şehir krokisi/harita
Bahnhof/Hafen	istasyon/liman
Flughafen	havaalanı
Fahrplan/Fahrschein	tarife/bilet
einfach/hin und zurück	tek gidiş/gidiş dönüş
Ich möchte ein Auto mieten.	bir otomobil/araba kiralamak istiyorum.
Tankstelle	benzin istasyonu
Benzin/Diesel/bleifrei	benzin/dizel/kurşunsuz
Panne/Werkstatt	arıza/tamirhane

ESSEN & TRINKEN

Reservieren Sie uns bitte für heute Abend einen Tisch für vier Personen.	Lütfen bize bu akşama dört kişilik bir masa ayırın.
auf der Terrasse/am Fenster	terasta/pencere kenarında
Die Speisekarte, bitte.	Menü lütfen.
Könnte ich bitte ... haben?	... alabilir miyim lütfen?

Flasche/Karaffe/Glas	şişe/karaf/bardak
Messer/Gabel/Löffel	bıçak/çatal/kaşık
Salz/Pfeffer/Zucker	tuz/karabiber/şeker
Essig/Öl	sirke/zeytinyağı
Milch/Sahne/Zitrone	süt/kaymak/limon
kalt/versalzen/nicht gar	soğuk/fazla tuzlu/pişmemiş
mit/ohne Eis	buzlu/buzsuz
Wasser ohne/mit Kohlensäure	su/soda
Vegetarier(in)/Allergie	vejetaryan/alerji
Ich möchte zahlen, bitte.	Hesap lütfen.
Rechnung/Quittung/Trinkgeld	fatura/fiş/bahşiş

EINKAUFEN

Wo finde ich ...?	... nerede bulurum?
Ich möchte .../Ich suche ...	... istiyorum./... arıyorum.
Brennen Sie Fotos auf CD?	CD'ye fotoğraf basıyor musnuz?
Apotheke/Drogerie	eczane/parfümeri
Bäckerei/Markt	fırın/pazar
Einkaufszentrum/Kaufhaus	alışveriş merkezi/bonmarşe
Lebensmittelgeschäft	gıda marketi/bakkal
Supermarkt	süpermarket
Kiosk	büfe/bayii
100 Gramm/1 Kilo	yüz gram/bir kilo
teuer/billig/Preis	pahalı/ucuz/fiyat
mehr/weniger	daha çok/daha az

ÜBERNACHTEN

Ich habe ein Zimmer reserviert.	Bir oda rezervasyonum var.
Haben Sie noch ...?	Daha ... var mı?
Einzelzimmer/Doppelzimmer	tek kişilik oda/çift kişilik oda
Frühstück/Halbpension	kahvaltı/yarım pansiyon
Vollpension	tam pansiyon
nach vorne/zum Meer	ön tarafta/denize bakan
Dusche/Bad	duş/banyo
Balkon/Terrasse	balkon/teras
Schlüssel/Zimmerkarte	anahtar/oda kartı
Gepäck/Koffer/Tasche	bagaj/bavul/çanta

BANKEN & GELD

Bank/Geldautomat	banka/ATM
Geheimzahl (PIN)	şifre
Ich möchte ... Euro wechseln.	... avro bozduracağım.
bar/ec-Karte/Kreditkarte	nakit/banka kartı/kredi kartı

Banknote/Münze	banknot/demir para
Wechselgeld	bozuk para

GESUNDHEIT

Arzt/Zahnarzt/Kinderarzt	doktor/diş doktoru/çocuk doktoru
Krankenhaus/Notfallpraxis	hastane/acil doktor
Fieber/Schmerzen/Durchfall/Übelkeit	ateş/ağrı/ishal/bulantı
Sonnenbrand	güneş yanığı
entzündet/verletzt	iltihaplı/yaralı
Pflaster/Verband	yara bandı/gazlı bez
Salbe/Creme	merhem/krem
Schmerzmittel/Tablette	ağrı kesici/hap

TELEKOMMUNIKATION & MEDIEN

Briefmarke/Brief/Postkarte	posta pulu/mektup/kartpostal
Ich brauche eine Telefonkarte.	Bir telefon kartı lazım.
fürs Festnetz	sabit hatlar için
Ich suche eine Prepaidkarte für mein Handy.	Bir hazırkart lazım cep telefonum için.
Wo finde ich einen Internetzugang?	İnternete nereden girebilirim?
Brauche ich eine spezielle Vorwahl?	Özel bir ön numara gerekiyor mu?
wählen/Verbindung/besetzt	çevirmek/hat/meşgul
Steckdose/Adapter/Ladegerät	priz/adaptör/şarj aleti
Computer/Batterie/Akku	bilgisayar/pil/akü
Internetanschluss/WLAN	internet bağlantısı/wireless
E-Mail/Datei/ausdrucken	(e-)mail (e-posta)/dosya/basmak

ZAHLEN

0	sıfır	15	on beş
1	bir	16	on altı
2	iki	17	on yedi
3	üç	18	on sekiz
4	dört	19	on dokuz
5	beş	20	yirmi
6	altı	21	yirmi bir
7	yedi	50	elli
8	sekiz	100	yüz
9	dokuz	200	iki yüz
10	on	1000	bin
11	on bir	2000	iki bin
12	on iki	10000	on bin
13	on üç	½	yarım
14	on dört	¼	çeyrek

REISEATLAS

Verlauf der Erlebnistour „Perfekt im Überblick"
Verlauf der Erlebnistouren

Der Gesamtverlauf aller Touren ist auch in der herausnehmbaren Faltkarte eingetragen

 Bild: Boot auf dem Köyçeğiz-See

Unterwegs an der türkischen Südküste

Die Seiteneinteilung für den Reiseatlas finden Sie auf dem hinteren Umschlag dieses Reiseführers

A
B
C
1
2
3
4
5
6
Belevi 2
Belevi 1
Boğaziçi
Küçükkemerdere
Bademli
Ahmetbeyli
Claros
Üzümler
Belevi
Selatin Tüneli
Aydın Dağ
Hamamköy
Kömürcü Geçidi
Pamucak
Selçuk
E87
Bozköy
Akçaköy
Başçayır
Ilıdağ
Egrikavak
Efes (Ephesos)
O-31
Kuşadası
Meryemana
Kızılcapınar
Nissa Harabeleri
Sultanhisar
Salavatlı
Tralleis
AYDIN
Çamlık
Ortaklar
Söke
İncirliova
Samos
Magnesia
Germencik
Erbeyli
Işıklı
Çeştepe
Umurlu
Köşk
Kuşadası
Gökçealan
Gümüşköy
Turanlar
Acarlar
Aydın Kuzey 1
Tepecik
Çiftlikköy
Dereköy
Ortaklar
Mursallı
Üzümlü
Ovaeymiri
Körfezi
Menderes
Sazlı
Büyük Menderes Nehri
Aydın Güney 1
Yeniköy
Dalama
Baltaköy
Davutlar
Söke
Bıyıklı
Güdüşlü
Dedeköy
Koçarlı
Haydarlı
Çinçin
Çakırbeyli
Kasar
Savulca
Yeşilköy
Güzelçamlı
Panionion
Bağarası
Elderesi
Burunköy
Batı Menteşe
Hasanlar
Kale
Doğu Menteşe
Dilek Dağı
Priene
Güllübahçe
Kale
Çaltı
Kavşı
Özbaşı
Sayrakçı
Atburgazi
Tuzburgazi
Gafarlar
Çine
Balat Ovası
Ulukonak
Karakollar
Belen
Esenköy
Çavdar
Avşar
Yeniköy
Karakaya
Amyzon
Myos
Sarıkemer
Meriçler
Alinda
Karpuzlu
Alabanda
Eskiçine
Gölönü
Camıcı Gölü (Bafa Gölü)
Milet
Balat
Yeniköy
Herakleia (Latmos)
Kapıkırı
Tekeler
Hatipkışlası
Soğukoluk
Akçaova
Hacıpa
Akköy
Sakarkaya
Teke Dağı
Gökbel Geçidi
Narhisar
Çamıçı
Pınarcık
Kale
Labranda
Ortaköy
Turgutlar
Teichiussa
Karabal Tüneli
Derince
Selimiye
Geyik Barajı
Didim
Sarıkaya
Lagina
Didim (Didyma)
Akbük
Euromos
Katrancı
Turgut
Bağcılar
Kazıklı
Olymos
Kırcağız
Altınkum
Akbük Limanı
Kızılağaç
Dibekdere
Kale
Milas
Ovakışlacık
Eskihisar
Gümüşkesen
Stratonikeia
Iasos
Mylasa
Yaşyer
Mutluca
Kazıklı Limanı
Bodrum (Milas)
Bencik
Kıyıkışlacık
Beçin Kalesi
Güllük
Güllük
Ekinanbarı
Bencik Dağı
Damarası
Ağaçlıhüyük
Körfezi
Dörttepe
Kindya
Hisar
Alaçam
Salih Adası
Kuzyaka
Pesados
Karacahisar
Türkbükü
Güvercinlik
Sekköy
Yalıkavak
Demirciler
Pazar Dağı
Mumcular
Torba
Pınarköy
Sarnıçköy
Myndos
Karakaya
Yaran Dağı
Gürceğiz
Kale
Ortakent
BODRUM
Ören
Keramos
Gümüşlük
Bozalan
Kultak
Turgutreis (Karatoprak)
Halikarnassos
Suangela
Yalı
Akyarlar
Termal Deniz Mağarası
Gökova Körfezi
Fener Burnu
Kara Ada
Kálimnos
Akrotíri Skandári
Astinálea
Kós
Zipári
Akrotíri Ágios Fokás
Asklepieion
Asfendiou
Kós
HELLAS
Reşadiye Yarımadası
Emecik
Marmaris
Körmen
Kızlan
Aktur
Erine
Kastabos
İnce Burun
Karaköy
Turgut
Reşadiye
Datça Körfezi
Hisarönü Körfezi
Boz Dağı
Hydas
İskandil Burnu
Kargı
Datça
Yazıköy
Döşeme
Selimiye
Knidos
Mesudiye
Bozburun
Nissiros
Dereboynu Burnu
Palamutbükü
Söğüt
Nimos
Sömbeki Körfezi
Tilos
Emborios
Kasareia
Taşlıca
Sími
Nissiros
HELLAS
Sími
Pédi
Bozburun Yarımadası
Loryma
Moni Panormitis
Ródos
Kara Burun

D
E
F
1
2
3
4
5
6
Işıklar
Karlıkdede Tepesi
1782
Kayran
Gelenbe
Süleymaniye Gölü
Buldan
Yenicekent
Tripolis
Uzunpınar
Haytabey
Demirhan
Samaili
Hasköy
Ortakçı
Burharkent
Köprübaşı
Tepeköy
Karahayıt Kırmızısu
Akköy
Karahayıt
Nazilli
Mastaura
Arslanlı
Kuyucak
Pamukören
Horsunlu
Gencellii
E87
320
585
Kyorara
Sarayköy
(169)
Hierapolis
Pamukkale
Büyük Menderes Nehri
Yamadak
Aşağısamlı
Pamukkale
Irlıganlı
Hamzalı
Başalan
Antiochia
Tırkaz
Laodikeia
Kocadere
Akhan
Donduran
Karapınar
Pirlibey
Yazırlı
Sırtanlık
Yenice
Karacaören
1393
Babadağ
Alamut
Esenköy
Hacıhıdırlar
DENİZLİ
(364)
1020
Vandalas Deresi
Şirinköy
Karacasu
Köprü
2308
Baba Dağı
Yesilköy
Çamlık
Ziyaretli
Neapolis
Yazıkent
Karınçalı Dağı
1703
Dutağaç
Yazırköy
Geyre
Seki
Aphrodisias
Bozdoğan
Koyuncular
Akçay
Yahşiler Geçidi
(1073)
Yahşiler
Hierakleia Salbace
Pınarlık
1792
Karahisar
Kızılcabölük
Kayapınar
Haydere
1436
Tavas Ovası
Sofular
Çiftlikköy
Tavas
Topçam
1361
Örtülü
Kemer
Aşağıgörle
Yenidere Çayı
Karagöl
Ebecik
Tilkili
Apollonia Salbace
Medet
Güre
Derebağ
Kemer Barajı
Kurbağalık
Kızılca
Sebastopolis
Körteke
Çayboyu
Çamoluk
Tabae
330
Kale
Kavaklıdere
Çardaklı
Kys
Göktepe
Ortaköy
115
Yeniköy
Büyükkonak
Çamyayla
Esenkaya
1692
1408
Oyuklu Dağı
1892
Değirmenalan
Cağırgan
Balkıca
Kayabaşı
Demirciler
Muratlar
Yürükoğlu
Kazağaç
Kozlar
Muğla
(625)
Yemişendere
Aşağıgünlüce
Beyağaç
Kafaca
Molabha
Düğrek
Akçay
1034
1340
Çakmak
1836
Yeşilyurt
Kotekli
Yaraş
Yaylasöğüt
Turgut
Öküzler
Yeniköy
Gölçük
Yerkesik
26
Kavakçalı
Alçı
Yenice
Kıyra
Sakar Geçidi
(670)
Ula
Portakallık
İdyma
Kızılağaç
Akyaka
Gökova
2294
Otmanlar
Çayır
Oğlansini
Karaböğürtlen
Ağla
Kızılyaka
Gölgeli Dağları
Akçapınar
Kabagünlük
54
Gelibolu
Toparlar
Cetibeli
Cetibeli
(550)
Döğüşbelen
Yangı
Karakuzluk
400
Çayhisar
Hamit
Köyceğiz
Thera
Bördelik
Bayır
Köyceğiz Gölü
Karabayır
Beyobaşı
Dalaman Çayı
Balaban Dağı
999
Büyükkaraağaç
Küçükkaraağaç
Çal Dağı
2184
Darıyeri
Marmaris
937
Kürkçüler
Eskiköy
Ortaca
1033
Kaunos
Dalyan
Arpacık
Deltası
Dalyan
İçmeler
Günlüce
Yeşilyurt
Akıncı
Bezkese
Adaköy
Göcek Geçidi
(340)
Turunç
Marmaris Limanı
Karaağaç Körfezi
Yılancık Adası
Dalaman
(345)
Belenpınar
Güvez
Kızılyurt
Kalimache
Göcek
Yürek
Krcibal Geçidi
Çiftlik
Kadırga Burnu
Pisilis
Sarıgerme
DLM
Kapıgargın
Kargı
Krya
58
Metris Geçidi
Eldirek
Tersane Adası
AKDENİZ
Lissae
Sarsılaiskele
Kızıl Ada
Günlükbaşı
20 km
12.4 mi
Arymaxa
Fethiye
Telmessos
Lydae
472
Fethiye
Rodos
Rodos
Kurtoğlu Burnu
Körfezi
Kayaköy
Peksimet Adası
İlbiz Burnu
Ölüdeniz
Kıdırak

A
B
C
1
2
3
4
5
6
Kızılcabölük
Tavas Ovası
Tavas
Apollonia Salbace
Medet
Sebastopolis
Kızılca
Serinhisar (Kızıhisar)
(1250)
Yatağan
Yeşilyuva
Düdenköy
Doğanbaba
Orhanlı
Harmanlı
Işıklar
Salda Gölü
Karahüyükafşar
Salda
Kayadibi
Yeşilova
Çeltek
Çuvallı
E87
Yassıhüyük
Apa
330
Güney
Saldabeli (1250)
Eşeler
Bedirli
Alaattin
Acıpayam Ovası
Çaltepe
Büyükkonak
Acıpayam
96
Dereköy
Akkaya Tepesi
2243
Bademli
Yumrutaş
1829
Karamanlı Barajı
Karamanlı
Akalan
Yazır
Sazak
Çağırgan
Balkıca
Örenköy
Erica
Kumafşarı
Tefenni Ovası
Tefenni
Olbasa
2421
Çakır
Dedebağı
Darıveren
Kozlar
Kelekçi
Camköy
585
Küçükalan
Beyköğ
Hasanpasa
Yayla
Olukbaşı
Akşar
Aliveren
Yusufça
Büyükalan
2100
Yeşilköy
1836
Gölgeli Dağı
Öküzler
Kibyra
Çaydır Çayı
Kırbudak Geçidi
Yaylapınar
1555
Güre Dağı
2030
Yamadı
Çavdır
Kırkpınar
Alçı
Kalınkoz
Osmankalfalar
(1437)
Dirmikik Geçidi
Gölhisar
Gölhisar Gölü
Bölmepınar
Koru
Çomaklıbeli (1460)
Kolak
Oğlansini
Çameli
Karaman Gölü
Kargalı
Söğüt
Kozağaç
Kara Dağı
2105
Orta
Ibecikdere
Yapraklı Barajı
Gölcük
Altınyayla
Yazır Gölü
Söğüt
Bozyaka
Karakuzluk
Kayabaşı
Kozağacı
Tuzlabeli (1430)
2743
Sarülar
Hanyanı
Dirimli Geçidi
Karahasantaşı
Çobanisa
Toriaeum
Karabayır
Karaçulha
Bekçiler
Ziyaret Tepesi
2598
2147
Alıçlıkuyu
Ballık
Bey Dağları
Çal Dağı
2184
(1260)
Kayabaşı
Darıyeri
2418
350
Gümüşyaka
Boncuk Dağları
Patlangıç
Kınık
Göğübeli (1850)
Hacıyusuflar
Arpacık
Koru
Seki Çayı
Dereköy
71
Söğütlüdere
Seki
Yılmazlı
Oinoanda
Salur Dağı
Ceylan
2505
Incirköy
Karabel (1300)
2604
(1155)
Yürek
1415
Üzümlü
Ören
Elmalı
Ören
Yuva
Kargı
Kadyanda
(969)
58
Tersane Adası
Metris Geçidi
Eldirek
(1880)
Girdev Gölü
Mursal
Dereköy
Menteşe Tekke
Kızıl Ada
Düdenköy
Kemer
Karaçulha
Eren Tepesi
Söğüt
117
Rodos
Günlükbaşı
2053
Bayralar
Islâmlar
400
Telmessos
Fethiye
Esenköy
Tekke
Karamık
(10)
Kayacık
2741
Boğazcık
Akçay
Kayaköy
Eşen Çayı
Tlos
Abd el Musa Türbesi
Armutlu
Akdağ Tepesi
Gömbe
Ölüdeniz
Kabaağaç
Uyluk Tepesi
Avşar Kalesi
Göltarla
Aylanbeli Geçidi (1120)
Ibiz Burnu
Baba Dağı
1969
Kadıköy
Pinara
Dip
3024
2469
Kofu Dağı
Faralya
Arsaköy
Ak Dağları
Minare
Çaykenarı
(1548)
Sinekçibeli
Kabak
Eşen Ovası
Saklıkent Kanyon
Çamlıköy
Güncalı
Eşen
Nisa
Kuruovabeli (1560)
Alacadağ
Sidyma
84
Sütleğen
Gedikbaşı
Gey
Arnaea
Gölbent
Çavdır
Akyazı
Yedi Burnu
Dumanlı Dağı
1957
Belpınar Geçidi
1080
Çağman
Xanthos
Pydnai
Kınık
Kemerköy
Gavuragılı
Karadere
Alacaşık Geçidi (990)
Dirgenler
Akkilise
Letoon
Üzümlü
Çataloluk
Islamlar
Kasaba
Demre Çayı
Yeşilköy
Bölüceağaç
Gökçeyazı
1814
Sarıbelen
Türe
1109
Davazlar
Patara
Kalkan
Tuzla Tepe
1366
Phellos
Kyaneai
Yalı Burnu
Turkuvaz Mağara (Mavi Mağarası)
Yeniköy
Kaş
78
Çayağazı
Üçağız
Kapaklı
Antiphellus
Kılıçlı
620
Simena
Andriake
HELLAS
Ró
Kadirleryakası
Apollonia
Isinda
Aperlai
Kekova Adası
Megisti
Hindrelles Mağarası
Megisti (Kastellorizo)
Ulu Burun
Stongili
Iç Ada

D
E
F
1
2
3
4
5
6
Hacılar
Soğanlı
Karacaören
Boğaziçi
Kozluca
Yeşildağ
Elmacık
Çamoluk
Akören
Akçaören
Kemer
Çomaklı
Olbassa
Yeşilyayla
Taşkesiği
Yelten
Bozova
Gümüşlü
Başpınar
Akyar
Korkuteli Barajı
Dereköy
Korkuteli
(1020)
Tatköy
Tahtalıbel
(970)
Yazır
İsinda
Kargılı
Güllükdağı Termessos Milli Parkı
Karamanbeli Geçidi
(1290)
Beğiş
Imeciksusuzu
Bilelyeri
Avdan
Karaköy
İmecik
Yayla
Gölova
Ovacık
Pozan Dağı
Büyükalan
Küçükpınar
Göl
Büyüksöğle
Kartal Tepesi
Kayasini
Kuzca
Üçkuyular
Kızlarsivrisi Tepe
Akdağ
Yayla
İdebessos
Akaliassos
Cormus
Kirdirek
Gölköy
Arykanda
Çatallar
Oluklu
Yalnız
Belbaşı
Bozyer
Alakır Barajı
Rhodiapolis
Alacadağ
Kumluca
(60)
Limyra
Hızırkahya
Turunçova
Sahilkent
Halaç
Hasyurt
Finike
Beymelek
Sulu Mağarası
Finike Körfezi
Beş Adalar
Kırlangıç Burnu
Sulu Ada
Çavuş Limanı
Çavuş-Burnu
Çavuş
Beykonak
Mavikent
Hacıveliler
Olympos
Chimaera
Çıralı
Atbükü
Phaselis
Beycik
Karaağaç
Altınyaka
(1050)
Tahtalıdağı
Yaylakuzdere
Milli Parkı
Camyuva
Kemer
(40)
Aslanbucak
Dereköy
Beydağları
Ovacık
Göynük
Gölcük
Saraycık
Olimpos
Sögütcumavı
(1400)
Beldibi
Sarıçnar Dağı
Yarbaşı
Hisar
Gedeller
Tünek Tepesi
Çağlarca
Bakırlıdağı
Saklıkent
(1750)
Çakırlar
Sinandeğirmeni
Doyran
Konyaaltı
Turgutlu
Termessos
Göksu Çayı
Yukarıkaraman
Döşemealtı
Karain Mağara
Bayatbademleri
Çan Dağı
Kargın
Küçükköy
Büyükköy
Köseler
Çubuk Beli
Kovanlık
Dağ
(925)
Ariassos
Bademağacı
Karakuyu
Kızılkaya
Garipçe
Ürkütlü
Heybeli
Yazıpınar
Kuşbaba
Kestel Gölü
Üzümlübel
Bağsaray
İncirlihani
Çeltikçi
Kuzköy
Kayış
Çeltikçi Beli
(1225)
Çanaklı
Hisar
Belören
Bucak
(840)
Çamlık
Kremna
Beşkonak
Susuzhani
Susuz
Karlık Dağı
Karapınar
Karaaliler
Kuyubaşı
Kızılsu Barajı
Kocaaliler
Milyas
Gündoğdu
Karaot
Kozağacı
(500)
Sia
Karaveliler
Kocain Mağarası
Killik
Ekşili
Köseler
Karataş
Kızıllar
Varsak
Duacı
Camköy
Düdenbaşı Mağarası
Topallı
Kurşunlu Şelalesi
ANTALYA
Lara
Düden Şelalesi
Altıkum
AYT
Çalkaya
Büyükkumluca
Boztepe
Yukarıkocayatak
Aksu
Perge
İhsaniye
Abdurrahmanlar
Kavgacılar
Sillyon
Nebiler
Aşağıoba
Gebiz
Çatalar
Yenimahalle
Yumaklar
Akçapınar
Karaahmetler
Kocadağ
Kozan
Karakütük
Kargı
Karaca Ören 1 Barajı
Karaca Ören 2 Barajı
Karacaören
Sağrak
Elsazı
Sütçüler
Müezzinler
Karadiken
Sığırcık
Akbelenli
Kovada Milli Parkı
Antalya Körfezi
AKDENIZ
Toros Dağları
Bey Dağları
20 km
12.4 mi

A
B
C
1
2
3
4
5
6
Afşar
Uluköy
Dombayova
Çobansaray
Kaynak
Menderes Kaynağı
Dinar
Karakuyu Gölü
Tekin
Alparslan
Kadılar
Büyükkabaca
Gencalı Ovası
Dereköy
Uluğbey
Karakuş Dağı
Inhisar
Yassıören
Ortayazı
Senirkent
Akkeçili
Hoyran Gölü
Kirişlidağı
1889
Tokmacık
Köke
Kemerdamları
Afşar
Yalvaç Deresi
Bağı
Gelendost
Yakaköy
Hacılar
Uluborlu
2447
Çapalı
1788
Barla Dağı
2799
Barla
Kapıcak
Eğirdir Gölü
Güneykent
Keçiborlu
Gönen
Atabey
Gökçe
Harmanören
Islam
Ertokuş Hanı
Sarıidris
Mamatlar
916
Gökçehüyük
Sorkuncak
Eğirdir
(950)
Gülköy
Kılıç
Senir
Saraycık
Ardıçlı
Senirce
Kuleönü
Büyükgökçeli
Bademli
Zindan Mağar
Ağılköy
Yılanlı
Aksu
Balkırı
Aliköy
Gökçebağ
Yakaören
Savköy
Davas Dağı
Askeriye
Burdur Gölü
854
Burdur
(952)
Gelincik
Gölcük
ISPARTA
(1035)
2635
Bağıllı
2046
Yuvalı
Darıören
Direkli
Akdağ
2276
2109
Yukarıgökdere
Güneyce
Çukurköy
Ayvalı
Çendik
Insuyu Mağarası
Sagalassos
Ağlasun
(1150)
Kovada Gölü
Sipahiler
Bahçıvanlar
Kuzca
Büğdüz
Bayındır
Taşkapı
Çamlıdere
Kovada Milli Parkı
Çeltikçi Beli
(1225)
Hisar
Akbelenli
Soğanlı
2030
Çanaklı
Aşağıgökdere
Sığırcık
1374
Karadiken
Karacaören
Kayış
Kuzköy
Belören
Müezzinler
Kozluca
Yeşildağ
Bağsaray
Çeltikçi
Çamlık
Sütçüler
İncirlihanı
Kremna
1128
Çobanisa
2334
Kuşbaba
Bucak
(840)
Elsazı
Sağrak
Çamoluk
Yazıpınar
Üzümlübel
Beşkonak
Karacaören
Susuzhanı
Susuz
Akçaören
Kestel Gölü
Karlık Dağı
1630
Heybeli
Karaaliler
Karapınar
Kuyubaşı
Karaca Ören 2 Barajı
Köprü
Katrancık Dağı
1380
Ürkütlü
Milyas
Kızılsu Barajı
Kocaaliler
Gündoğdu
Pınargözü
Ballıbu
2505
Çomaklı
Garipçe
Kızılkaya
Kargı
Karaca Ören 1 Barajı
Olbassa
Karaot
Kozağacı (500)
Karakütük
Sia
Yeşilyayla
Yelten
Bozova
Karakuyu
Bademağacı
Karaveliler
Killik
Kocadağ
Kozan
Hasdümen
Altınka
Gümüşlü
Ariassos
Dağ
(925)
Kocain Mağarası
931
Ekşili
Köseler
Karaahmetler
Oluk
Akyar
Çubuk Beli
Köseler
Akçapınar
Keriz Tep
Büyükköy
Kovanlık
Karataş
Yenimahalle
Korkuteli Barajı
Küçükköy
Kızıllar
Çatalar
Yumaklar
Gebiz
Kocamehme
Kargın
Çan Dağı
1552
Aksu Çayı
Aşağıoba
Korkuteli
(1020)
Bayatbademleri
Karain Mağara
Topallı
Nebiler
Tatköy
Tahtalıbel
(970)
Yazır
Döşemealtı
Kurşunlu Şelalesi
Yanköy
Kızıl
İsinda
Kargılı
E87
Yukarıkaraman
1663
Varsak
Duacı
Abdurrahmanlar
Sillyon
Kavgacılar
Pınarcık
Güllükdağı Termessos Milli Parkı
Termessos
İhsaniye
Çamköy
Perge
223
Çanakçı
Karamanbeli Geçidi
(1290)
Imeciksusuzu
Göksu Çayı
Düdenbaşı Mağarası
Aksu
Yukarıkocayatak
Turgutlu
2015
Bileyeri
Doyran
Boztepe
(50)
Avdan
Sinandeğirmeni
Konyaaltı
Çalkaya
Akkınlar
Karadayı
Imecik
Saklıkent
(1750)
Çakırlar
(25)
Lara
AYT
Büyükkumluca
Belek
Çağlarca
Altıkum
Yayla
Bakırlıdağı
2422
Düden Şelalesi
Tünek Tepesi
20 km
12.4 mi
Pozan Dağı
2783
Ovacık
Büyükalan
Hisar
Gedeller
ANTALYA
Yarbaşı
Antalya Kör
Küçükpınar
Beydağları
Göl
Sarıçınar Dağı
1814
Söğütcumavı
(1400)
Beldibi
2833

135

D
E
F
1
2
3
4
5
6
Bağkonak
Kozluçay
Dedeçam
Çetince
İlyaslar
Karaağa
Köstere
Battal Deresi
Osmancık
Mahmuthisar
Bulcuk
Çeşmecik
Gökçeyurt
Göksöğüt
Muratbağı
Eskiler
Doğanhisar
Başköy
Balkı
Ayaslar
Çarıksaraylar
Şarkikaraağaç
Yukarıdinek
Örenköy
Çiçekpınar
Güvendik
Destiğin
1742
1942
Aşağıçiğil
Belekler
Beyköy
Kızıldağ
1908
Salur
Yeniköy
Armutlu
Yassıbel
Konakkale
Kaya Beli
1630
2113
Dığrak
Derbent
Belciğez
Çavuş
Hüyük
Aladağ
2339
Çiftliközü
Kireli
Tolca
İmrenler
Çamlıca
Karaali
Hanönü Beli
(1560)
Mada Adası
Köşkköy
Yunuslar
Gedikli
Kızıldağ
Pınargözü Mağarası
Selki
1407
Eflatun Pınarı
Yenidoğan
Kızılören
Kervansarayı
Kızılören Dağı
Sağlık
2175
2390
Milli Parkı
Kuşluca
Sadıkhacı
Doğanbey
Çamurlu
Kızkalesi
Akburun
1158
Sarıköy
2334
Yakaavşar
Beyşehir Gölü
Gölkaşı
Eğlikler
Başgöze
Erenler Dağı
Kubat-Abad Sarayı
Yenişarbademli
Gölkaya
Hasanşeyh
İnlice
Karacahisar
Kurucaova
1222
Yazyurdu
Dipoyraz
2980
Beyşehir
Fasıllar
Karacaören
Çiçekler
Güldallı
1697
Gökçimen
Çavuş
2216
Aşağıyaylabel
Üstünler
Şamlar
Beyşehir Kanalı
Oğlakçı
Irmaklı
Tolköyü
Dumanlı
Yeşildağ
Kayabaşı
Üzümlü
Kızılca
Akcalar
Gevrekli
Dikilitaş
Yaylacık
Ketenli
2330
1982
Bostandere
Kesmeköy
Akçabelen
Taraşcıbeli
(1825)
Hoğlu
Gencek
Seydişehir
(1015)
Tarascı
Kesecik
Kayalar
Uğurlu
2529
Akdağ
(1450)
Yeşilbağ
Pınarbaşı
Derebucak
Taşağıl
Ortakaraören
Akkise
Değirmenözü
Bademlibeli
Balat Mağarası
Kanyon
Dalayman
Çamlık
Suğla Gölü
Kırkkavak
Itepe
Çamlıkköyü Mağaraları
Madenli
1663
Susuz
Yalıhüyük
Bademli
(1450)
1298
Gölovası Gölü
2403
Bademlibeli Geçidi
Teke Geçidi
(1320)
Köprülü Kanyon
Selge
Düzağaç
Ahırlı
2268
Kuyucak
Salihler
Susuzşahap
Sakaltutan Mağarası
Burmahan
Göçeri
Düdenek Mağarası
Cevizli
(1135)
Karakışla
Esereyrek Dağı
2083
Sorkun
Beşkonak
Gümüşdamla
Çakıllı Geçidi
Alacabel
(1824)
Üzümdere
Başlar
Yarpuz
Yıldızlı Dağı
2560
İbradı
(Aydınkent)
Akşahap
1723
(1525)
Irmasan Geçidi
Akdağ
1984
Altınbeşik Mağarası
Köprü Çayı
Bucak
Karabucak
Kızıldağ
Ürünlü
Akseki
Cimiköğ
Tolhanı
(Belbidi Hanı)
Algedik
245
Sağırın
Kargıhanı
Sirt
Düdensuyu Mağarası
Çardak
Beydiğim
Etenna
(900)
Manavgat
Geriş
Karadağ
2816
Büyükbelkiz
(Belkıs)
Göğü
Salur
Yaylaalan
Oymapınar Barajı
Taşağıl
532
Kepezbeleni
Taşlıca
Güzelsu
Güneykaya
Seki
Şişeler
Murtiçi
Büklüce
Naras Köprüsü
Seleukeia
Manavgat Barajı
1603
Bucakşeyhler
Ilıca
Perakende
Manavgat Şelalesi
Hocalı
Ahmetler
Çiçekoluk
Gündoğmuş
Pembelik
Kumköy
1667
Söğüt Dağı
Manavgat
(20)
Alara Çayı
Taşkesiği
Side
(Selimiye)
Side
Karacalar
Çamlıtepe
Ortakonuş
Karamanlar
138

A
B
C
1
2
3
4
5
6
137
Müezzinler
Kasımlar
Sütçüler
Çobanisa
2548
Kesmeköy
Dumanlı
2330
Kayabaşı
Üzümlü
Akçabelen
Huğlu
Gencek
1982
Tarascıbeli
(1825)
Gevrek
Akcalar
696
695
Seydiş
(1015)
Tarascı
Uğurlu
2529
Akdağ
(1450)
Bademlibeli
Taşağıl
1663
Madenli
Bademli
(1450)
Bademlibeli Geçidi
Kuyucak Dağı
Büyük Göz
Yeşilbağ
Kayalar
Pınarbaşı
Derebucak
Değirmenözü
Balat Mağarası
Dalayman
Çamlıköyü Mağaraları
Çamlık
106
Köprülü Kanyon
Milli Parkı
Çaltepe
Kırkkavak
Gölovası Gölü
2403
Pınargözü
2505
Ballıbucak
Teke Geçidi
(1320)
Köprülü Kanyon
Selge
Altınkaya
(Zerk)
(950)
Düzağac
Hasdümen
2268
Kuyucak
Salihler
Susuzşahap
Sakaltutan Mağarası
Oluk Köprüsü
Burmahan
Göçeri
Düdencik Mağarası
Cevizli
(1135)
Karakısla
Keriz Tepesi
2004
Beşkonak
Karabük
Gümüşdamla
Çakıllı Geçidi
Yumaklar
Gebiz
Kocamehmetler
Başlar
Üzümdere
Yarpuz
Köprü Çayı
Aşağıoba
Akdağ
1984
İbradı
(Aydınkent)
Akşahap
1723
(1525)
Irmasan Geçidi
Altınbeşik Mağarası
Karabucak
Kızıldağ
Bucak
Yanköy
Sillyon
223
Kızıllar
12
Algedik
245
Sağırın
Telhanı
(Belbidi Hanı)
Ürünlü
Akseki
Cimiköğ
Düdensuyu Mağarası
Pinarcık
Çanakçı
Aspendos
Yukarıkocayatak
Serik
(50)
Kargıhanı
Sirt
Beydiğim
Etenna
(900)
Çardak
4
Geriş
Büyükbelkız
(Beıkıs)
Taşağıl
400
Göğü
Salur
532
Yaylaalan
Manavgat
Oymapınar Barajı
Kepezbeleni
Güneykaya
Taşlıca
Güzelsu
Murtiçi
Akkınlar
Karadayı
76
Seki
Şişeler
Belek
Boğazak
Büklüce
Naras Köprüsü
Seleukeia
Manavgat Barajı
1603
Ilıca
Bucakşeyhler
Manavgat Şelâlesi
Hocalı
Ahmetler
79
695
Çiçekoluk
Perakende
Kumköy
Manavgat
(20)
Taşkesiği
Alara Çayı
Side
(Selimiye)
Side
11
Karacalar
Çamlıtepe
Cenger
Karamanlar
Alarahan
Alara Han
Boztepe
Antalya Körfezi
1
Okurcalar
Akdam
Payallar
Serapsu
Konak
Incekum
47
Dildarde
AKDENİZ
20 km
12.4 mi

D
E
F
1
2
3
4
5
6
Dikilitaş
Yaylacık
Ketenli
Sadıklar
Çatören
1499
Alibeyhüyüğü
Türkmencamili
2290
Çukurçimen
Kayasu
May Barajı
Süleymanlı
Gökhüyük
1171
İnli
Arıkören
Akören
705
2130
Karahüyük
Köprü
Apa
Yenisu
Avdul
Yörükcamili
Ortakaraören
Akkise
Apasaraycık
Dinekasaray
715
Apa Barajı
Yenimescit
Dinek
Aydoğmuş
Suğla Gölü
Balıklava
Çiçekli
Yalıhüyük
1298
Avdan
Beyşehir Kanalı
1622
Tahtalı
Afşar
Çiçekköy
Karasinir
Bademli
Özyurt
Güneysınır
Aydınkışla
Ahırlı
Harmanpınar
Isauria
Vetus
350
Kâzım Karabekir
Belören
Esereyrek
2083
Dağı
Dereköy
1834
Kuzören
Taşbaşı
1760
Kızılçakır
Özyurt Dağı
Ağacoba
2481
Bozkır
Sorkun
Üçpınar
Hisarlık
Yeniköy
Kayaağzı
Alanözü
Kızılkaya
Esenler Dağı
Kayapınar
Dereiçi
Hamzalar
Habiller
Bozkandak
Başkışla
Soğucak
Bağbaşı
1951
Aşağıeşenler
2249
Göçer
Göksu
Ağaççı
Göksu Nehri
Gaziler
Aladağ
Dedemli
2125
Korualan
Hadım
(1500)
Yerköprü Mağarası
Mağara
2175
Dağı
Yukarıkızılka
Gevnebeli
(1890)
Yukarıkızılkaya
Balcılar
2509
Karadağ
2816
Taşkent
Bayırköy
Afşar
Faşikan Geçidi
(1850)
Çetmi
Balcılar
3002
Geyik Dağı
2078
2030
Oyuklu Dağı
2427
İhsaniye
Yıldızbel
(1920)
Beyreli
2053
Çamiçi
(1925)
Çukuryurt
Gündoğmuş
Pembelik
Söğüt Dağı
1667
Akdağ
2731
340
Beden
(1750)
Başyayla
Katranlı
Bağbelen
Ortakonuş
Akyar
Sulugöl Tepesi
2579
Karahasan Geçidi
Eskibağ
Köprülü
Aşağıçağlar
Sarıveliler
Üzümlü
Civandere
Adiller
183
Güneyyurt
(1250)
Dereköy
Geyne Çayı
Tepebaşı
Küçük Çayı
Ermenek
Civler
2451
2185
Bademağacı
Göktepe
Maraspoli Mağarası
Uğurlu
Öteköy
Esentepe
1554
ALANYA
Kızılaşehir
Şeyhler
(100)
Alacami
Çukurbağ
Pınarönü
Gümüşkavak
Daran
Kale
Dim Çayı
Cebireis Dağı
Dumlugöze
Ardıçkaya
Ermenek Çayı
260
Gözüküçüklü
Sapadere
2227
Kazancı
Çamyolu
1648
Seyhler
1878
Yunt Dağı
10
Mahmutlar
Syedra
Beldibi
2088
400
Çamlıca
Taşeli Yaylâsı
Belen
Sugözü
2257
Kızıl Dağı
Ilıca
Demirtaş
Kızılgüney
2094
İmamlı
820
Çorus
Kahyalar
Çığlık
Karacal Tepeci
2339
Sugözü
Çukurabanoz
Selinous
Karacukur
1255
Akoluk
Gazipaşa
GZP
(98)
Yeniğüney
Taşeli Yarımadası
Hasdere
Doğanca
Işıklar
Karaağa
Yalan Dünya Mağarası
Beyrebucak
1683
Çamlıpınar
Anamur Çayı
455
Göçük
Akıne
Kükür
Z
Antiocheia ad Cragum
Evciler
132
Ovabaşı
Ucarı
Buğu Mağarası
Çarıklar
Girne
400
Anamur
(10)
Mamure Kalesi
Nasrettin
Anamuryum
13
Anamurion
Anamur Burnu

A
B
C
1
2
3
4
5
6
Çumra
(1014)
Ürünlü
Üçhüyükler
Taşağıl
Türkmencamili
Bataklık Gölü
Uzumkuyu
Karakışla
Islık
1281
Yenikuyu
Kavuklar
Düden
Adakale
Karacaören
Çiğil
Ambar
Süleymanhacı
Acıgöl
İnli
Arıkören
Ortaoba
Binbirkilise
Madenşehri
Burunoba
Akçaşehir
Çoğlu
Kara Dağ
2288
Kisecik
Yörükcamili
Avdul
Dinek
Karaağaç
1395
Hüyükburun
Ayrancı
Beydili
Demiryurt
Kılbasan
1297
Çiçekli
Karalgazi
Delicay
Canhasan Hüyüğü
Sudurağı
Dokuzyol
1394
Özyurt
Göztepe
Alaçatı
1249
Çiğdemli
Ağılönü
Kâzım Karabekir
Yollarbaşı
Değircik
KARAMAN
(1033)
Ağacoba
2481
Özyurt Dağı
Yazılı
İbrala Manastır
Alanözü
Kızılkaya
Çavuşpınarı
Dere
1329
Sarıkaya
Yeşildere
Taşkale
Yeşil Deresi
Bozkandak
Başkışla
Pınarbaşı
Paşabağı
1818
1776
Burhan
Morcalı
Başharman
Güçler
Göçer
Boyalı
Göksu
Seyithasan
Gödet Barajı
Koca Deresi
Akpınar
Güldere
Avkan Geçidi
(1180)
Çatak
Yabangülü Saklı
Yukarıkızılka
1716
Ağaçyurdu
Bucakkışla
Bayırköy
Kürucabel
Sertavul Geçidi
(1650)
Demirkapı
Güme
1872
Ballı
Avlağı
Gökçetas
Çampınar
Kavaközü
Oyuklu Dağı
2427
İhsaniye
Yıldızbel
(1920)
Dağpazarı
Alahan
Malhoca
Katranlı
Bağbelen
Büyükeğre Dağı
2055
Kıravga
Göksu Nehri
Pirinç Suyu
Asağıçağlar
Özlü
1416
2012
Yıldızköy
Bağcağız
Hacıahmetli
Güneyyurt
Karamanoğlu Türbesi
Küçük Çayı
Ermenek
(1250)
Yalnızcabağ
Çamlıca
Sakız
1492
Mut
(275)
Kurtuluş
Derekö
Maraspoli Mağarası
1554
1828
Evsin
Pınarönü
Kurt Çayı
Sarıkavak
Ardıçkaya
Üçbölük
Görmel
1699
Gezende Barajı
Ermenek Çayı
Tuğrul
Moca Geçidi
(1525)
1224
Yukarıyeşilköy
Kazancı
Gezende
Hacısait
Cortlak
Bucak
Kuskan
Olukpınar
Kayraktepe Barajı
Evkafçiftliği
Göksu Nehri
Zeyne
Dayıcık
Kurbağaköy
Taşeli Yaylâsı
Elmakuz Dağı
1638
1481
Çukurkonak
Çukurasma
Göksu
Pelitpınarı
2094
Medrese
Bereket
Kayrak
Gökbelen
Sugözü
Çukurabanoz
Kızılca
Gülnar
Korucuk
1279
Suolmaz Geçidi
(1690)
1591
1481
Bozağaç
Emirhacı
Taşeli Yarımadası
Bakırçay Deresi
Anamur Çayı
Lenger
Rembecik
Duruhan
Dedeler
Beydili
909
Bahçekoyağı
Eskibey
Yeniyürük
1336
Akıne
Kükür
Karaseki
Büyükeçeli
556
Ovacık
Evciler
Gözsüzce
Aydıncık
Akyaka
Karatepe Kalesi
Ovacık Körfezi
Aphr
Karaisalı
Softa Kalesi
Ovabaşı
Bugu Mağarası
Çarıklar
Anamur
(10)
Bozyazı
Tekmen
Çubukkoyağı
Mamure Kalesi
Nasrettin
Anamuryum
715
350
88
340
72
400
148
45
74
13

D
E
F
1
2
3
4
5
6
Ereğli
Ihsanhamidiye
Kuskuncuk
Öküz Mehmet Paşa Kervansaray
Bayağıl
Hasangazi
Çanakçı
Tatlıkuyu
Aşıklar
Alhan
Beyköy
Çayhan
Ulukışla
Gümüşköy
Alihoca
Catköyü
Aktoprak
Rüstempaşa Kervansarayı
Gökçeyazı
Yeniyıldız
Darboğaz
Böğecik
Karaburun
Çimencik
Halkapınar
Yellice
Gaybi
Kösere
Aydınkent Çayı
Taş Suret
İvriz Barajı
İvriz (Aydınkent)
Kayasaray
Delimahmutlu
3524
Medetsiz Tepe
Aydoş Dağı
3480
Kozlu Dağı
2061
Üçharman
Berendi
Kıraman
Kocadere
2998
Olukkoyağı
Yazır
Melikli
Güzeller
3191
2793
Lambron Namrunkale
Boğazpınar
Çamlıyayla
Sebil
Darıpınarı
2542
Kızıldağ
2292
Bolkar Dağları
2541
Atlılar
Küçükkoraş
2369
Tırtar
Değirmendere
Çapar
2428
Yavca
Çakırlı
Yuğluk Dağı
2454
Arslanköy
Çağlarca
1582
Gözne
Çırıştepe
Parmakkurdu
2146
2041
Toros Dağları
Gavuruçtuğu
Tepeköy
Fındıkpınarı
Aslanköy Deresi
68
İğdir
Gökkuşağı
Serbest Bölge
1203
Değirmençayı
Burhan
Akarca
Arapcasakarlar
Göktepe Dağı
2058
Sorgun
Mersin
Çavuşlu
1726
Şahna
Hacıalanı
Kuzucubelen
Kocavilayet
Kapıköy
Mentes
Serbest Bölge 3
Güzeloluk
Çiftlikköy
Kuyuluk
Karayakup
MERSİN
(5)
1482
Aydınlar
Tece Kalesi
Mezitli
Viranşehir
Sarıaydın
Karahıdırlı
Çeşmeli
Davultepe
Kırobası
Sorgun Çayı
Elvanlı
Çeşmeli D400
Elbeyli
Tece
Çatak
Tömük
Çeşmeli
Kargıpınarı
Limonlu Dere
Küstüllü
Tekiralanı
885
Tasari Milli Parkı
Veyselli
Erdemli
(50)
1667
Uzuncaburç
Kocahasanlı
Olba Diocaesarea
Cambazlı
73
Limonlu
Hüseyinler
Kanlıdivane
Kanyklis
Ayas
Elaioussa
Yenibahçe
Merdivenlikuyu
1199
Astım Mağarası
Kızkalesi
Seyranlık
Korykos
Bayındır
Dermircili
Cennet ve Cehennem
Kızkalesi
Bükdeğirmeni
Ekşiler
Narlıkuyu
Korasion
Barbarossa Ahma Levhası
400
SILIFKE
Olukbaşı
Altınkum
Kocapınar
Kurtuluş
Akgöl
Taşucu
Limen Kalesi
Taşucu Körfezi
Akdere
İncekum Burun
AKDENİZ
20 km
12.4 mi
Gazimağusa

A
B
C
1
2
3
4
5
6
Çanakçı
Hasangazi
Elmalı
Kamışlı
Ömerli
Hamidiye
Büyük sofulu
Kökez
Aladağ
Karaha
Gökçeköy
Gümüşköy
Çiftehan
Alihoca
Horoz
Gerdibi
Kale Dağı
1789
Hasandede Geçidi
(1090)
Karakuz
Körkün Çayı
Eğlence Çayı
Ak Köprü
Pozantı 1
Pozantı
Akdağ
2424
Etekli
Ceritler
Akören
Yedigöze Barajı
Eğner
Barakdağı
3524
Mededsiz Tepe
Tekirbeli Geçidi
(1260)
Tekir
Belemedik
Gildirli Çukur
Pozantı Çayı
Nuhlu
Torunsolaklı
Hacımusalı
Çatalan Barajı
Çatalan
Sevinçli
Kervansaray
Kandilsırtı
(1370)
Gülekboğazi
(1050)
Keşli
Hacılı
Karaisalı
Malıhıdırlı
Olukkoyağı
Sanlıca
Bekirli
Kösefakılı
Assa Kaliba
Çamalan
Lambron Namrunkale
Boğazpınar
Gülek
(Çamalan)
Bucak
Çokak
Çakallı
Eğceli
369
Karlık
1020
Kocaveliler
Kırıklı
Çirişgediği
Darıpınarı
Damlama
Alibeyli
Bozcalar
Kasoba
Çatkıt Suyu
Salbaş
Memişli
Beylice
Meşelik
Taşobası
Fadıl
311
Seyhan Barajı
Kılıçlı
Kurttepe
580
Tarsus Çayı
Bayramlı
Adana Batı 1
Şambayadı
Adana Kuzey 1
Buruk
Çakırlı
Karadirlik
Tarsus Doğu 1
Adana Doğu
Ulaş
Berdan Barajı
Büyükdikili
Yenice
İncirlik
Çırıştepe
Adana Batı 2
Adana Kuzey 2
Suluca
Parmakkurdu
Tarsus Şelalesi
Tarsus Batı 1
Gökçeler
Kargılı
(23)
ADA
Köklüce
Dedepınarı
İğdir
Gökkuşağı
Nacarlı
Tarsus Doğu 2
ADANA
Havutlu
Yukarıçıkeli
Serbest Bölge
Burhan
Evcili
Halitage
Ballıca
Büyükçıldırım
Camuzcu
Hıdırlı
Abdioğlu
Arapcasakarlar
Tarsus Batı 3
(15)
TARSUS
Tarsus Ovası
Çiçekli
Köylüoğlu
Çortlu
Çavuşlu
Deliminnet
Aliağa
Çağbaşı
Karayusufu
Şeyhmurat
Büyükka
Doğankent
Kazanlı
Adanalıoğlu
Yaramış
Yunusoğlu
Sazak
Şahinağa
Kütüklü
Serbest Bölge 3
Bahşiş
Seyhan Nehri
MERSİN
(5)
Ağzıdelik
Çöplü
Yeniköy
Yüreğir Ovası
Gökçeli
Eğriağaç
Asmalı
Kuzu
Kulak
Gümüşyazı
Nalkulak
Kadıköy
Aydınlılar
Tuzla Gölü
Helvacı
Ceyhan Nehri
Deli Burnu
Tuzla
(Hakkıbey)
Karagöçer
İsahacılı
Sirkenli
Kesik
Yesiköy
Kaldırı
Çukurkamış
Yemişli
Akyatan Gölü
Kuş Cenneti
Bebeli
55
Bahçe
Akyayan Gölü
Karataş
Karataş Burnu
AKDENİZ
Gazimağusa
20 km
12.4 mi
750
400
815
E90
O-51
O-52
O-21

D
E
F
1
2
3
4
5
6
Kozan
Kadirli
Kozan Barajı
Kesiksuyu Barajı
Aslantaş Barajı
Sir Barajı
Ceyhan Nehri
İmamoğlu
Yukarı Ovası
Anavarza Kalesi
Karatepe Milli Parkı
Karatepe (Aslantaş)
Domuztepe
Hemite Kale
Hierapolis Kastabala
Bodrum Kalesi
Düziçi
Bahçe
Çukurköprü
Dumlu Kalesi
CEYHAN
OSMANİYE
Toprakkale
Toprak Kalesi
Nurdağı Geçidi
Hasanbeyli
Yılankale
Sirkeli (Tas Süret)
Mopsuestia
Kervansaray
Epiphaneia
Epiphaneia (Gözen Hb.)
Issos Ovası
Issos
Erzin (Yeşilkent)
Dörtyol
Deliçay
Hassa
Yumurtalık
Portakal Burnu
Yumurtalık Lagünü Milli Parkı
İskenderun Körfezi
Payas
Xenophon
Sakal Tutan
Sarıseki
Sultan Kalesi
İSKENDERUN
Belen
Kırıkhan
Bagras Kalesi
Amik Ovası
Akıncı Burnu
Uluçınar (Arsuz)
Reyhanlı
Çatalhüyük
Tell el Cüydeyde
Tell Acana
Asi Nehri
Aziz Petrus Kilisesi
ANTAKYA (HATAY)
Harbiye
Daphne Kürşa
Seleukeia Pieria
Samandağı
Musa Dağı
SYR
E90
E91
E98
O-52
O-53
815
817
825
827
400
420

KARTENLEGENDE

18 26	Autobahn mit Anschlussstellen Motorway with junctions
	Autobahn in Bau Motorway under construction
	Mautstelle Toll station
	Raststätte mit Übernachtung Roadside restaurant and hotel
	Raststätte Roadside restaurant
	Tankstelle Filling-station
	Autobahnähnliche Schnellstraße mit Anschlussstelle Dual carriage-way with motorway characteristics with junction
	Fernverkehrsstraße Trunk road
	Durchgangsstraße Thoroughfare
	Wichtige Hauptstraße Important main road
	Hauptstraße Main road
	Nebenstraße Secondary road
	Eisenbahn Railway
	Autozug-Terminal Car-loading terminal
	Zahnradbahn Mountain railway
	Kabinenschwebebahn Aerial cableway
	Eisenbahnfähre Railway ferry
	Autofähre Car ferry
	Schifffahrtslinie Shipping route
	Landschaftlich besonders schöne Strecke Route with beautiful scenery
Alleenstr.	Touristenstraße Tourist route
XI-V	Wintersperre Closure in winter
	Straße für Kfz gesperrt Road closed to motor traffic
8%	Bedeutende Steigungen Important gradients
	Für Wohnwagen nicht empfehlenswert Not recommended for caravans
	Für Wohnwagen gesperrt Closed for caravans
	Besonders schöner Ausblick Important panoramic view
Wartenstein Umbalfälle	Sehenswert: Kultur - Natur Of interest: culture - nature
	Badestrand Bathing beach
	Nationalpark, Naturpark National park, nature park
	Sperrgebiet Prohibited area
	Kirche Church
	Kloster Monastery
	Schloss, Burg Palace, castle
	Moschee Mosque
	Ruinen Ruins
	Leuchtturm Lighthouse
	Turm Tower
	Höhle Cave
	Ausgrabungsstätte Archaeological excavation
	Jugendherberge Youth hostel
	Allein stehendes Hotel Isolated hotel
	Berghütte Refuge
	Campingplatz Camping site
	Flughafen Airport
	Regionalflughafen Regional airport
	Flugplatz Airfield
	Staatsgrenze National boundary
	Verwaltungsgrenze Administrative boundary
	Grenzkontrollstelle Check-point
	Grenzkontrollstelle mit Beschränkung Check-point with restrictions
ROMA	Hauptstadt Capital
VENEZIA	Verwaltungssitz Seat of the administration
	MARCO POLO Erlebnistour 1 MARCO POLO Discovery Tour 1
	MARCO POLO Erlebnistouren MARCO POLO Discovery Tours
1	MARCO POLO Highlight MARCO POLO Highlight

FÜR IHRE NÄCHSTE REISE ...

ALLE **MARCO POLO** REISEFÜHRER

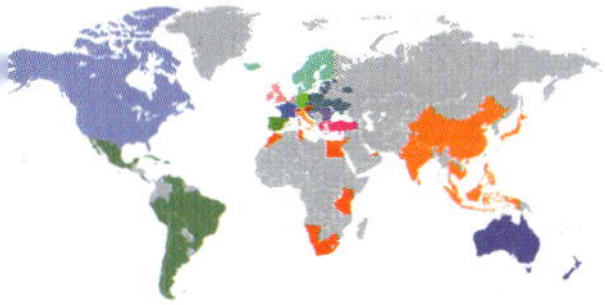

DEUTSCHLAND

Allgäu
Bayerischer Wald
Berlin
Bodensee
Chiemgau/ Berchtesgadener Land
Dresden/ Sächsische Schweiz
Düsseldorf
Eifel
Erzgebirge/ Vogtland
Föhr & Amrum
Franken
Frankfurt
Hamburg
Harz
Heidelberg
Köln
Lausitz/Spreewald/ Zittauer Gebirge
Leipzig
Lüneburger Heide/ Wendland
Mecklenburgische Seenplatte
Mosel
München
Nordseeküste Schleswig-Holstein
Oberbayern
Ostfriesische Inseln
Ostfriesland/Nordseeküste Niedersachsen/Helgoland
Ostseeküste Mecklenburg-Vorpommern
Ostseeküste Schleswig-Holstein
Pfalz
Potsdam
Rheingau/ Wiesbaden
Rügen/Hiddensee/ Stralsund
Ruhrgebiet
Schwarzwald
Stuttgart
Sylt
Thüringen
Usedom
Weimar

ÖSTERREICH SCHWEIZ

Kärnten
Österreich
Salzburger Land
Schweiz
Steiermark
Tessin
Tirol
Wien
Zürich

FRANKREICH

Bretagne
Burgund
Côte d'Azur/ Monaco
Elsass
Frankreich
Französische Atlantikküste
Korsika
Languedoc-Roussillon
Loire-Tal
Nizza/Antibes/ Cannes/Monaco
Normandie
Paris
Provence

ITALIEN MALTA

Apulien
Dolomiten
Elba/Toskanischer Archipel
Emilia-Romagna
Florenz
Gardasee
Golf von Neapel
Ischia
Italien
Italienische Adria
Italien Nord
Italien Süd
Kalabrien
Ligurien/ Cinque Terre
Mailand/ Lombardei
Malta & Gozo
Oberital. Seen
Piemont/Turin
Rom
Sardinien
Sizilien/ Liparische Inseln
Südtirol
Toskana
Venedig
Venetien & Friaul

SPANIEN PORTUGAL

Algarve
Andalusien
Barcelona
Baskenland/ Bilbao
Costa Blanca
Costa Brava
Costa del Sol/ Granada
Fuerteventura
Gran Canaria
Ibiza/Formentera
Jakobsweg Spanien
La Gomera/ El Hierro
Lanzarote
La Palma
Lissabon
Madeira
Madrid
Mallorca
Menorca
Portugal
Spanien
Teneriffa

NORDEUROPA

Bornholm
Dänemark
Finnland
Island
Kopenhagen
Norwegen
Oslo
Schweden
Stockholm
Südschweden

WESTEUROPA BENELUX

Amsterdam
Brüssel
Dublin
Edinburgh
England
Flandern
Irland
Kanalinseln
London
Luxemburg
Niederlande
Niederländische Küste
Schottland
Südengland

OSTEUROPA

Baltikum
Budapest
Danzig
Krakau
Masurische Seen
Moskau
Plattensee
Polen
Polnische Ostseeküste/ Danzig
Prag
Slowakei
St. Petersburg
Tallinn
Tschechien
Ungarn
Warschau

SÜDOSTEUROPA

Bulgarien
Bulgarische Schwarzmeerküste
Kroatische Küste Dalmatien
Kroatische Küste Istrien/Kvarner
Montenegro
Rumänien
Slowenien

GRIECHENLAND TÜRKEI ZYPERN

Athen
Chalkidiki/ Thessaloniki
Griechenland Festland
Griechische Inseln/ Ägäis
Istanbul
Korfu
Kos
Kreta
Peloponnes
Rhodos
Samos
Santorin
Türkei
Türkische Südküste
Türkische Westküste
Zákinthos/Itháki/ Kefalloniá/Léfkas
Zypern

NORDAMERIKA

Chicago und die Großen Seen
Florida
Hawai'i
Kalifornien
Kanada
Kanada Ost
Kanada West
Las Vegas
Los Angeles
New York
San Francisco
USA
USA Ost
USA Südstaaten/ New Orleans
USA Südwest
USA West
Washington D.C.

MITTEL- UND SÜDAMERIKA

Argentinien
Brasilien
Chile
Costa Rica
Dominikanische Republik
Jamaika
Karibik/ Große Antillen
Karibik/ Kleine Antillen
Kuba
Mexiko
Peru & Bolivien
Yucatán

AFRIKA UND VORDERER ORIENT

Ägypten
Djerba/ Südtunesien
Dubai
Israel
Jordanien
Kapstadt/ Wine Lands/ Garden Route
Kapverdische Inseln
Kenia
Marokko
Namibia
Rotes Meer & Sinai
Südafrika
Tansania/Sansibar
Tunesien
Vereinigte Arabische Emirate

ASIEN

Bali/Lombok/Gilis
Bangkok
China
Hongkong/Macau
Indien
Indien/Der Süden
Japan
Kambodscha
Ko Samui/ Ko Phangan
Krabi/ Ko Phi Phi/ Ko Lanta
Malaysia
Nepal
Peking
Philippinen
Phuket
Shanghai
Singapur
Sri Lanka
Thailand
Tokio
Vietnam

INDISCHER OZEAN UND PAZIFIK

Australien
Malediven
Mauritius
Neuseeland
Seychellen

Viele MARCO POLO Reiseführer gibt es auch als eBook – und es kommen ständig neue dazu!
Checken Sie das aktuelle Angebot einfach auf: www.marcopolo.de/e-books

REGISTER

In diesem Register sind alle in diesem Reiseführer erwähnten Orte und Ausflugsziele sowie einige wichtige Namen und Stichworte aufgeführt. Gefettete Seitenzahlen verweisen auf den Haupteintrag.

SCHREIBEN SIE UNS!

Egal, was Ihnen Tolles im Urlaub begegnet oder Ihnen auf der Seele brennt, lassen Sie es uns wissen! Ob Lob, Kritik oder Ihr ganz persönlicher Tipp – die MARCO POLO Redaktion freut sich auf Ihre Infos.
Wir setzen alles dran, Ihnen möglichst aktuelle Informationen mit auf die Reise zu geben. Dennoch schleichen sich manchmal Fehler ein – trotz gründlicher Recherche unserer Autoren/innen. Sie haben sicherlich Verständnis, dass der Verlag dafür keine Haftung übernehmen kann.

MARCO POLO Redaktion
MAIRDUMONT
Postfach 31 51
73751 Ostfildern
info@marcopolo.de

IMPRESSUM
Titelbild: Ölü Deniz (Getty Images: D. Hanson)
Fotos: Özlem Ahmetoglu (19 u.); DuMont Bildarchiv: Spitta (40/41, 116/117), Wrba (Klappe r., 49, 114, 118 o.); © fotolia.com: Ann Thibeault (18 u.); © fotolia.com/aktifreklam (18 o.); Getty Images: D. Hanson (1 o.); J. Gottschlich/ D. Zaptçioğlu (1 u.); R. Hackenberg (4 u., 9, 10, 50/51, 59, 72, 76, 77, 87, 88, 91, 116, 117); Hip-Notics Cable Park: Baris Özoral (19 o.); huber-images: Schmid (Klappe l., 12/13), R. Schmid (2, 25, 34, 47, 52, 62, 119), A. Serrano (17); M. Kirchgessner (20/21); Laif: Glaescher (112/113), Tophoven (29), Tueremis (4 o., 26/27, 32/33); laif: Tueremis (92/93); mauritius images: Hänel (79), Hubatka (70/71), R. Mattes (105); mauritius images/age (108/109); mauritius images/Alamy (6, 7, 11, 22, 28 r., 30/31, 36, 38, 39, 42, 54, 56, 63, 66, 69, 74/75, 80/81, 84, 99, 102, 106, 110, 115, 118 u., 130/131); mauritius images/Imagebroker: M. Zegers (65); mauritius images/Imagebroker/Funkystock: P. Williams (14/15); mauritius images/Rubberball (3); mauritius images/Westend 61 (82); Mavi Jeans (18 M.); R. Renckhoff (28 l.); Visum: Reents (30); E. Wrba (5, 8, 31, 44, 57, 60)

7. Auflage 2016
Komplett überarbeitet und neu gestaltet

Chefredakteurin: Marion Zorn; Autoren: Dilek Zaptçioğlu, Jürgen Gottschlich;
Redaktion: Jochen Schürmann; Verlagsredaktion: Tamara Hub, Ann-Katrin Kutzner, Nikolai Michaelis, Kristin Schimpf; Bildredaktion: Gabriele Forst;
Im Trend: wunder media, München
Kartografie Reiseatlas: © MAIRDUMONT, Ostfildern; Kartografie Faltkarte: © MAIRDUMONT, Ostfildern
Gestaltung Cover, S. 1, S. 2/3, Faltkartencover: Karl Anders – Büro für Visual Stories, Hamburg; Gestaltung innen: milchhof:atelier, Berlin; Gestaltung Erlebnistouren: Susan Chaaban Dipl.-Des. (FH)
Sprachführer: in Zusammenarbeit mit Ernst Klett Sprachen GmbH, Stuttgart, Redaktion PONS Wörterbücher

Printed in China

BLOSS NICHT

Ein paar Tipps, wie Sie in der Türkei Ärger vermeiden können

AUF NEPPER UND SCHLEPPER HEREINFALLEN

Da, wo viele Touristen unterwegs sind, tauchen sie unweigerlich auf, die vermeintlich freundlichen Einheimischen, die den günstigsten Teppichladen oder das beste Restaurant kennen. Meist sind es Schlepper, die Shops oder Hotels Kunden bringen sollen und dafür Provision bekommen. Schlimmer sind echte Nepper, die Besucher zum Drink einladen und ihnen dann in zweifelhaften Kneipen gigantische Rechnungen präsentieren. Lassen Sie sich vor allem nicht in Nightclubs oder Diskos abschleppen, das kann teuer werden!

UNBESEHEN ALKOHOL KONSUMIEREN

Nach schweren Vorfällen von Alkoholvergiftung in der Türkei sollten Sie auf keinen Fall in kleinen Läden billig Hochprozentiges kaufen. Die schwarz gebrannten Schnäpse enthalten Methylalkohol und sind lebensgefährlich. Kaufen Sie Ihre Getränke in Supermärkten oder an sogenannten *Tekel*-Läden, wo viel Kundschaft zu beobachten ist. Wenn Ihnen unwohl sein sollte, rufen Sie einen Krankenwagen (112), oder lassen Sie sich mit dem Taxi zum nächsten Krankenhaus *(hastane)* fahren.

MIT FREMDEN ÜBER POLITIK DISKUTIEREN

Sie können nicht davon ausgehen, dass Ihr türkisches Gegenüber Ihre Meinung über seine Religion, seinen Staatsgründer oder seine Minderheiten teilt. Voreilig begonnene Debatten können schnell zu Frust auf beiden Seiten führen. Viele Türken stehen der EU inzwischen nicht mehr so positiv gegenüber. Sprechen Sie mit Fremden lieber über das Wetter!

ZU LEGERE KLEIDUNG TRAGEN

Mit Badehose ins Restaurant oder in Shorts in die Moschee: Das sorgt nicht nur für Ärger, sondern ist meist auch verboten. Auch in Strandrestaurants wird ein Minimum an Bekleidung erwartet, und Gotteshäuser – ob Kirchen, Synagogen oder Moscheen – betritt man nur bedeckt. In Moscheen werden am Eingang die Schuhe ausgezogen.

NACKT BADEN

Es gibt viele Ferienresorts, an deren Stränden „oben ohne" üblich ist. An öffentlichen Stränden sollte man aber vorsichtig sein, schon weil man damit penetrante Blicke auf sich zieht. FKK ist in der Türkei noch nicht angekommen – im Gegenteil, es ist sogar verboten.

IN DER ÖFFENTLICHKEIT SCHMUSEN

Was in Marmaris vielleicht noch alltäglich sein mag, kann im mittelanatolischen Konya z. B. zum Problem werden. Der öffentliche Austausch von Zärtlichkeiten – wie etwa Küsse, die über die üblichen Begrüßungsküsschen hinausgehen – ist zwar nicht regelrecht verboten, sollte aber der Umgebung und den Umständen angepasst werden.